**Bases da história
da América Latina**

O selo DIALÓGICA da Editora InterSaberes faz referência às publicações que privilegiam uma linguagem na qual o autor dialoga com o leitor por meio de recursos textuais e visuais, o que torna o conteúdo muito mais dinâmico. São livros que criam um ambiente de interação com o leitor – seu universo cultural, social e de elaboração de conhecimentos –, possibilitando um real processo de interlocução para que a comunicação se efetive.

Bases da história da América Latina

Flávio L. Alencar

EDITORA intersaberes

Rua Clara Vendramin, 58 . Mossunguê . CEP 81200-170 . Curitiba . PR . Brasil
Fone: (41) 2106-4170 . www.intersaberes.com . editora@editoraintersaberes.com.br

Conselho editorial
Dr. Ivo José Both (presidente)
Dr.ª Elena Godoy
Dr. Neri dos Santos
Dr. Ulf Gregor Baranow
Editora-chefe
Lindsay Azambuja
Gerente editorial
Ariadne Nunes Wenger
Preparação de originais
Gilberto Girardello Filho
Edição de texto
Fabia Mariela De Biasi

Capa
Sílvio Gabriel Spannenberg (*design*)
Felix Lipov, Juan Aunion, Sergio R, Ruben Martinez Barricarte, Leon Rafael, nuel_cruz, Anibal Trejo, Songquan Deng, Alvaro German Vilela, Natalya Erofeeva, Bruce Baron e El_Turista/Shutterstock (imagens)
Projeto gráfico
Bruno de Oliveira
Diagramação
Regiane Mores
Equipe de design
Sílvio Gabriel Spannenberg
Charles L. da Silva
Iconografia
Célia Kikue Suzuki
Regina Claudia Cruz Prestes

Dados Internacionais de Catalogação na Publicação (CIP)
(Câmara Brasileira do Livro, SP, Brasil)

Alencar, Flávio Lemos
  Bases da história da América Latina/Flávio Lemos Alencar. Curitiba: InterSaberes, 2020.
  Bibliografia.
  ISBN 978-65-5517-002-3
  1. America Latina - Civilização 2. América Latina – História I. Título.
  20-34103   CDD-980

Índices para catálogo sistemático:
1. América Latina : História 980

Maria Alice Ferreira – Bibliotecária – CRB-8/7964

1ª edição, 2020.
Foi feito o depósito legal.
Informamos que é de inteira responsabilidade do autor a emissão de conceitos.
Nenhuma parte desta publicação poderá ser reproduzida por qualquer meio ou forma sem a prévia autorização da Editora InterSaberes.
A violação dos direitos autorais é crime estabelecido na Lei n. 9.610/1998 e punido pelo art. 184 do Código Penal.

Sumário

11 *Apresentação*

15 *Como aproveitar ao máximo este livro*

Capítulo 1
19 **A formação do império asteca**

(1.1)
21 Os primórdios da povoação da América

(1.2)
24 Antes dos astecas: as civilizações clássicas mesoamericanas

(1.3)
34 Antes dos astecas: outras civilizações pós-clássicas mesoamericanas

(1.4)
37 O império asteca

(1.5)
44 A queda do império asteca

Capítulo 2
59 O império inca: do início à conquista castelhana

(2.1)
62 Formação e extensão do império inca

(2.2)
79 A conquista castelhana do Peru

(2.3)
88 Consolidação conflituosa do poder castelhano nos domínios incas

Capítulo 3
103 A conquista e a colonização da América

(3.1)
105 Imaginário e sentido da conquista e da colonização da América

(3.2)
115 Cristóvão Colombo, almirante e vice-rei

(3.3)
122 O regime das capitulações

(3.4)
130 A questão dos justos títulos

(3.5)
143 Estabilização administrativa: vice-reinos da Nova Espanha e do Peru

Capítulo 4
155 Filosofia e cultura política sob os Habsburgo

(4.1)
158 Fundamentos teóricos da monarquia hispânica: influência de Francisco Suárez

(4.2)
174 Cortes vice-reais nas Américas castelhana e portuguesa

Capítulo 5
193 As reformas borbônicas na América

(5.1)
196 Guerra da Sucessão Espanhola e ascensão dos Bourbon

(5.2)
198 Reestruturação administrativa

(5.3)
202 Defesa e forças armadas

(5.4)
206 Igreja e religião

(5.5)
208 Economia e finanças

(5.6)
211 Expulsão dos jesuítas

(5.7)
214 Afrancesamento das elites

Capítulo 6
223 **A crise e as independências americanas**

(6.1)
225 Antecedentes internos e externos da emancipação política nas Américas

(6.2)
238 As independências em movimento

251 *Considerações finais*
255 *Referências*
263 *Bibliografia comentada*
267 *Respostas*
269 *Sobre o autor*

Para meu irmão, Júlio, primeiro e melhor amigo.

Apresentação

Este livro tem o propósito de introduzir alunos de graduação em História – e, também, é claro, o leitor interessado no assunto – no vastíssimo tema da formação da América antes do estabelecimento dos Estados independentes que hoje a conformam. Compreende o período que se inicia no século XV e chega ao século XIX, isto é, corresponde à etapa da conquista e do governo da América por castelhanos, portugueses e outros europeus.

    Uma vez que esta obra tem finalidade didática, buscamos utilizar linguagem acessível e trabalhar com um recorte que privilegiasse assuntos não tratados em outros trabalhos. Por isso, este guia trata, de forma especial, da formação dos países americanos de fala castelhana, sem deixar de mencionar as etapas do desenvolvimento histórico das outras áreas do continente, como as de fala portuguesa e inglesa. A América é, em formação política e cultural, um continente diverso, razão pela qual é necessário ter em conta a vastidão do assunto no tempo e no espaço, a variedade dos povos que habitavam a América antes dos europeus e a diferença entre os processos políticos e administrativos de castelhanos, portugueses, franceses, ingleses e holandeses no continente americano.

    Para cumprir nosso objetivo, dividimos o livro em seis capítulos.

No Capítulo 1, tratamos da formação do império asteca, cuja sede se localizava em Tenochtitlán, a atual Cidade do México. O texto versa sobre as origens da povoação da Mesoamérica e das distintas civilizações que lá se estabeleceram até o auge da dominação dos mexicas, que fundaram o império asteca, e a chegada dos castelhanos.

No Capítulo 2, abordamos a estrutura do império inca, cujo centro era a cidade de Cusco, no Peru. O texto trabalha a organização política e social dos incas e a conquista dos castelhanos, fato que mudou significativamente a realidade peruana e sul-americana, não apenas como resultado de conflitos, mas também como interpenetração cultural e integração entre as elites dos dois grupos.

Depois de analisarmos a formação dos astecas e dos incas nos capítulos iniciais, no Capítulo 3, evidenciamos a Europa, mais especificamente a preparação de Castela antes da chegada às Índias e durante a primeira fase da conquista. O texto discorre sobre Cristóvão Colombo, sobre as discussões entre os espanhóis a respeito da legitimidade da presença do navegador na América e sobre a organização política que se implantou nos vice-reinos americanos da monarquia hispânica.

Por sua vez, no Capítulo 4, examinamos os fundamentos da filosofia política que inspirou o governo castelhano na América durante os primeiros séculos, quando a dinastia de Habsburgo estava no trono da monarquia hispânica. Nesse capítulo, você aprenderá sobre a influência da escolástica na formação do pensamento político ibérico sob os Habsburgo. Também destacamos o funcionamento da nobreza e da sociedade de corte nas capitais vice-reais americanas.

No Capítulo 5, analisamos a crise das relações entre Castela e as Índias – como era conhecida a América castelhana – após a subida ao trono da dinastia francesa dos Bourbon, que, no século XVIII, depois de vencer os Habsburgo em uma guerra de sucessão pelo trono espanhol, passou a governar a monarquia hispânica. As chamadas *reformas borbônicas* alteraram significativamente não apenas a administração pública espanhola, mas também as dimensões militar, intelectual, religiosa, econômica e social da vida espanhola e americana.

Por fim, no Capítulo 6, explanamos sobre o desfecho da crise entre Espanha e América que ocorreu após o múltiplo processo de independências chefiado principalmente por comandantes como Simón Bolívar, ao norte da América do Sul, e José de San Martín, no sul do continente. Tal processo de independências foi influenciado pelas ideologias da época, bem como pelo exemplo dos Estados Unidos, em 1776, tendo início em um momento em que a legitimidade régia estava em cheque, uma vez que Napoleão Bonaparte havia afastado o rei para instalar em seu lugar o próprio irmão, coroado como José I. No Brasil, o processo de independência foi diverso porque, desde 1808, a família real portuguesa havia se instalado aqui, e, em 1815, com a criação do Reino Unido de Portugal, Brasil e Algarves, o Rio de Janeiro havia se tornado capital do império português.

Flávio L. Alencar

Como aproveitar ao máximo este livro

Empregamos nesta obra recursos que visam enriquecer seu aprendizado, facilitar a compreensão dos conteúdos e tornar a leitura mais dinâmica. Conheça a seguir cada uma dessas ferramentas e saiba como elas estão distribuídas no decorrer deste livro para bem aproveitá-las.

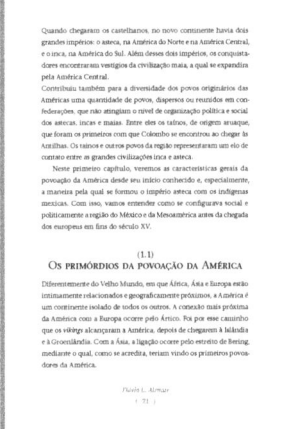

Introdução do capítulo:

Logo na abertura do capítulo, informamos os temas de estudo e os objetivos de aprendizagem que serão nele abrangidos, fazendo considerações preliminares sobre as temáticas em foco.

Síntese

Ao final de cada capítulo, relacionamos as principais informações nele abordadas a fim de que você avalie as conclusões a que chegou, confirmando-as ou redefinindo-as.

Atividades de autoavaliação

Apresentamos estas questões objetivas para que você verifique o grau de assimilação dos conceitos examinados, motivando-se a progredir em seus estudos.

Atividades de aprendizagem

Aqui apresentamos questões que aproximam conhecimentos teóricos e práticos a fim de que você analise criticamente determinado assunto.

Bibliografia comentada

Nesta seção, comentamos algumas obras de referência para o estudo dos temas examinados ao longo do livro.

Capítulo 1
A formação
do império asteca

Quando chegaram os castelhanos, no novo continente havia dois grandes impérios: o asteca, na América do Norte e na América Central, e o inca, na América do Sul. Além desses dois impérios, os conquistadores encontraram vestígios da civilização maia, a qual se expandira pela América Central.

Contribuiu também para a diversidade dos povos originários das Américas uma quantidade de povos, dispersos ou reunidos em confederações, que não atingiam o nível de organização política e social dos astecas, incas e maias. Entre eles os taínos, de origem aruaque, que foram os primeiros com que Colombo se encontrou ao chegar às Antilhas. Os tainos e outros povos da região representaram um elo de contato entre as grandes civilizações inca e asteca.

Neste primeiro capítulo, veremos as características gerais da povoação da América desde seu início conhecido e, especialmente, a maneira pela qual se formou o império asteca com os indígenas mexicas. Com isso, vamos entender como se configurava social e politicamente a região do México e da Mesoamérica antes da chegada dos europeus em fins do século XV.

(1.1)
Os primórdios da povoação da América

Diferentemente do Velho Mundo, em que África, Ásia e Europa estão intimamente relacionados e geograficamente próximos, a América é um continente isolado de todos os outros. A conexão mais próxima da América com a Europa ocorre pelo Ártico. Foi por esse caminho que os *vikings* alcançaram a América, depois de chegarem à Islândia e à Groenlândia. Com a Ásia, a ligação ocorre pelo estreito de Bering, mediante o qual, como se acredita, teriam vindo os primeiros povoadores da América.

A explicação mais aceita para o povoamento primitivo da América diz que, no período da última era glacial, cerca de 25.000 anos atrás, a descida do nível do mar fez surgir uma conexão firme entre a Ásia e a América, istmo – que ligaria Alasca e Rússia atuais – por meio do qual teriam vindo da Ásia os primeiros colonizadores da América. O contínuo fluxo de asiáticos foi capaz de povoar a América de norte a sul, chegando até ao sul da cordilheira dos Andes.

A América foi povoada não só por povos vindos do norte, mas também, provavelmente, por outros vindos do oeste. É amplamente aceito que os polinésios chegaram à América por meio de embarcações. O sentido e a direção dos ventos predominantes favoreciam a migração para a América e dificultavam o retorno para as ilhas do Pacífico. Por sua vez, o geógrafo norueguês Thor Heyerdahl (1958) propôs, em meados do século XX, a teoria segundo a qual teriam sido os antigos peruanos os povoadores da Polinésia, e não o contrário, porém sua explicação não encontrou aceitação no meio científico (Konetzke, 1972, p. 3).

Até a chegada dos europeus nos anos finais do século XV e nos anos iniciais do século seguinte, as civilizações e as culturas da América estiveram amplamente isoladas do contato com os povos da Europa, da Ásia e da África. Até mesmo dentro da América não era comum o contato entre os diversos povos que a habitavam. Ainda assim, grande foi a variedade entre as culturas originárias da América. As civilizações maia, asteca e inca atestam a diversidade e a riqueza cultural das culturas americanas e o nível de desenvolvimento político e social a que algumas delas chegaram.

Havia dois grandes impérios na América no momento da chegada dos europeus: o asteca, no Norte, e o inca, no Sul. Ambos se formaram após confrontos em guerras e conquistas de outros grupos. Dessa forma, os astecas expandiram o poder a partir de seu núcleo central, no México; os incas, através dos Andes. Mesmo entre os grupos indígenas que se mantiveram independentes, a guerra era ocupação constante: tal era regra tanto entre os indígenas da costa oriental da América do Sul quanto entre os indígenas da América do Norte (Konetzke, 1972).

Nas sociedades mais firmemente estabelecidas, como a incaica e a asteca, desenvolviam-se a agricultura, a cerâmica e a ourivesaria. Formavam-se cidades com residências ao redor do templo. Por meio de conquistas, um grupo podia formar um império, como os incas; ou por meio de alianças com outros grupos, era possível formar uma confederação, como foi o caso da confederação iroquesa na América do Norte ou de grupos indígenas de extração tupi, da costa do Brasil.

Por outro lado, nos grupos menos desenvolvidos politicamente, a autoridade máxima costumava ser a do cacique – termo utilizado para designar os chefes das tribos aruaques dos tainos, o qual se alargou para designar todo chefe indígena americano que não fosse considerado um rei ou imperador –, que comandava um grupo de famílias. Segundo Konetzke (1972), no momento em que os portugueses e castelhanos chegaram à América, a dignidade de cacique já se havia tornado, na maior parte, hereditária.

Quando os europeus chegaram à América, só restavam vestígios da civilização maia, que havia ocupado o sul do México e a América Central. Assim, existiam dois grandes impérios, o inca e o asteca, e, no mais, grupos diversos – isolados, em conflito ou associados entre si – que iam da Patagônia ao Canadá e que não alcançavam o mesmo nível de organização política e social dos incas e dos astecas.

Nas unidades políticas mais extensas, o desenvolvimento da atividade militar levou ao estabelecimento de **hierarquias sociais** dentro da comunidade e em relação aos povos conquistados. Passou a haver uma diferenciação entre a classe dos camponeses e a dos guerreiros e, abaixo de todos esses, estariam as populações conquistadas e escravizadas (Konetzke, 1972).

Na esfera da religião, a regra foi o **politeísmo**. Tal como nas outras religiões pré-cristãs da Europa, da Ásia e da África, as divindades frequentemente representavam emoções humanas e forças da natureza. Assim como ocorreu no Velho Mundo, não era raro que, ao expandirem domínios e incorporarem outros povos, os vencedores passassem a integrar ao próprio panteão as divindades desses povos. Dessa forma, com a expansão dos astecas, os povos por eles dominados tinham as próprias divindades incorporadas à religião asteca.

Quando chegaram à América, os castelhanos, já cristianizados havia mais de um milênio, escandalizaram-se com o paganismo das populações originárias, especialmente com os sacrifícios humanos realizados pelos astecas e, em menor medida, pelos incas (Konetzke, 1972). Como parte da visão de mundo castelhana, considerava-se imperativo extirpar o culto das divindades pagãs, no lugar do qual deveria estabelecer-se o cristianismo, tarefa para a qual – significativamente mais do que os portugueses – não pouparam esforços.

(1.2)
ANTES DOS ASTECAS: AS CIVILIZAÇÕES CLÁSSICAS MESOAMERICANAS

Ao longo da faixa de terra que separa a América do Norte e a América do Sul, que se estende do Panamá ao vale do México, diversas culturas floresceram antes do estabelecimento dos astecas no ano de 1325. A civilização maia é a mais célebre entre elas. Outros povos e culturas são representados pelos olmecas, pelos chichimecas, pelos mixtecas, pelos zapotecas e pela civilização que construiu a cidade de Teotihuacán. A essas civilizações chamamos *civilizações clássicas mesoamericanas* (León-Portilla, 1990).

As Américas foram, como dissemos, primeiramente povoadas pelos homens vindos da Ásia pelo estreito de Bhering, que liga a Rússia ao Alasca. Acredita-se que, perto do ano de 35000 a.c., havia ali um caminho sólido e firme, pelo qual essas populações chegaram à América. É possível que polinésios também tenham alcançado a América após navegar o oceano Pacífico, aproveitando ventos que os direcionavam à costa americana.

No México, os registros mais antigos de presença humana não datam de antes de 9000 a.c., mas há probabilidade de que a região já fosse habitada em cerca de 20000 a.c. por populações que se dedicavam à caça e à coleta. Por volta do ano de 5000 a.c., teria tido início a agricultura na América Central. A produção de cerâmica teria começado ainda mais tarde, por volta de 2300 a.C., e diversas aldeias teriam se estabelecido, nessa época, na região do sul e do centro do México.

Na década de 1940, o antropólogo mexicano de origem alemã Paul Kirchhoff cunhou o termo *Mesoamérica*, que define uma área geográfica e cultural na qual se desenvolveram diversas civilizações antes dos astecas, todas as quais compartilhavam entre si inúmeras referências, a ponto de terem se tornado um fundo cultural comum. Influências religiosas, políticas e artísticas desses diversos povos interpenetram-se, contribuindo de forma fundamental para a configuração do posterior império asteca (León-Portilla, 1990).

1.2.1 OS OLMECAS

A partir de 1300 a.C., a situação descrita teria sofrido mudança radical, conforme alguns testemunhos arqueológicos: em uma área próxima ao golfo do México, surgia Olman, a terra dos olmecas. Entre os centros olmecas conhecidos estão: Tres Zapotes, La Venta e San Lorenzo, no México. La Venta é o principal deles e está em uma pequena ilha. Escavações no local permitiram descobrir diversas esculturas colossais e outros monumentos, o que revelou algo da antiga civilização olmeca. Os olmecas formaram a primeira civilização mesoamericana conhecida, cujos grandes complexos de templos religiosos e outros edifícios, localizados em amplas praças, formavam aglomerados de tipo urbano. Máscaras de mosaico verde que representavam o jaguar eram usadas no culto religioso dos olmecas. Isso ocorria porque a divindade maior deles tinha forma de jaguar. Oferendas depositadas em túmulos atestam a crença na vida após a morte.

Acredita-se que os olmecas foram os iniciadores do **calendário** e da **escrita** na Mesoamérica. A influência cultural dos olmecas é deduzida dos artefatos típicos de civilização que se encontram em escavações feitas em áreas vizinhas e até mais afastadas do centro, incluindo terras dos maias.

Apesar de todo o avanço cultural, os olmecas não utilizavam a roda, e não há registros de metalurgia anteriores a 950 a.C., restrições que seguramente afetaram o desenvolvimento da mencionada civilização. Os olmecas também não souberam domesticar animais, à exceção dos pavões, que faziam parte da alimentação, e dos cães pelados mexicanos, que acompanhavam os olmecas na vida e na morte, sendo sacrificados e enterrados com seus donos, aos quais deviam acompanhar na região dos mortos.

As restrições materiais da civilização olmeca não impediram que esta se expandisse consideravelmente. Por volta de 600 a.C., a influência olmeca já se fazia sentir em locais como Tlatilco, Zacatenco e outros, perto dos quais se erigiu mais tarde a Cidade do México. Nesse período, a agricultura expandiu-se entre os olmecas, as aldeias cresceram e núcleos urbanos maiores surgiram (León-Portilla, 1990).

1.2.2 Civilização de Teotihuacán

O maior exemplo de civilização mesoamericana é a cidade de Teotihuacán, nome náuatle que se traduz como *metrópole dos deuses*. Ao redor do grande templo onde se realizavam as cerimônias religiosas e cívicas, toda uma estrutura urbana se ergueu. Durante vários séculos, Teotihuacán foi acrescida e adornada ricamente.

Em nossos dias, é possível visitar, a cerca de 40 km de distância da Cidade do México, as impressionantes pirâmides do Sol e da Lua e o templo de Quetzalcóatl, testemunhos da exuberante civilização de Teotihuacán. Junto a essas estruturas principais e resistentes ao tempo, foram encontrados palácios, escolas e outros edifícios. As residências localizavam-se em extensos bairros ao redor do centro religioso e cívico. As avenidas e ruas eram empedradas. Os palácios e as residências da elite eram frequentemente decorados com pinturas murais, nas quais se representavam jaguares, serpentes, pássaros e plantas.

Figura 1.1 – Pirâmide do Sol

Flávio L. Alencar

Não há consenso sobre as origens do povo que habitava Teotihuacán. Há indícios de que se tratasse de uma **cidade multiétnica**, habitada por mixtecas, zapotecas, maias e outros povos. No período de maior esplendor, Teotihuacán deve ter tido cerca de 20 km² e, pelo menos, 50.000 habitantes. A cidade estava ordenada hierarquicamente, de acordo com o trabalho desenvolvido por estamentos. Havia organização militar, comércio e agricultura.

Figura 1.2 – Pirâmide da Lua

Uma hipótese que explicaria esse contexto é a de que Teotihuacán tenha sido a sede de um império ou de uma confederação. Há vestígios da influência da "metrópole dos deuses" em locais muito distantes, como os estados mexicanos atuais de Oaxaca e Chiapas, e até mesmo na Guatemala. É provável que a elite de Teotihuacán falasse uma forma arcaica do idioma náuatle, que veio a ser a língua oficial dos astecas (León-Portilla, 1990).

O templo principal de Teotihuacán era dedicado ao deus Quetzalcóatl, a serpente emplumada.

Figura 1.3 – Representação do deus Quetzalcóatl (conforme o *Codex Telleriano-Remensis*)

Várias das divindades adoradas em Teotihuacán foram posteriormente incorporadas ao panteão de outros povos: além de Quetzalcóatl, passaram também ao culto asteca Tláloc, deus da chuva; Chalchiuhtlicue, divindade dos lagos e rios; Xiuhtecuhtli, senhor do fogo, e Xochipilli, patrono do amor, da beleza e da arte, cujo nome significa "príncipe das flores" (León-Portilla, 1990, p. 10).

1.2.3 ZAPOTECAS E MIXTECAS

Na mesma época em que se desenvolvia Teotihuacán, outras culturas floresceram na região sul do México. O sítio arqueológico de Monte Albán, no atual estado mexicano de Oaxaca, testemunha o nível civilizacional alcançado pelos zapotecas. Estes construíram Monte Albán e governaram diversos grupos que habitavam a região de Oaxaca. O núcleo urbano de Monte Albán, cujas origens podem datar de cerca de 600 a.C., conta com um templo religioso no alto de uma colina e diversas estruturas edilícias circundantes. É notável a presença de formas de escritura mais complexas, com datas, topônimos e símbolos hieroglíficos. Além das construções de Monte Albán, muitos artefatos da cultura zapoteca estão preservados e são provas de seu **desenvolvimento artístico** (León-Portilla, 1990).

Após a decadência dos zapotecas, que durou um longo período até o abandono final da cidade de Monte Albán, os senhores do vale de Oaxaca passaram a ser os mixtecas, um povo já pós-clássico. Os novos habitantes fundaram núcleos como Tilantongo e Teozacualco e reconstruíram antigas cidades e fortalezas zapotecas. Os mixtecas tornaram-se célebres por sua arte, especialmente como joalheiros. Utilizavam o ouro, a prata, o cobre e, em menor medida, o estanho (León-Portilla, 1990).

1.2.4 Os maias

Quando Francisco Hernández de Córdoba, vindo de Cuba, chegou à Península do Yucatán em 1517, pela primeira vez os castelhanos tiveram contato com elementos de uma civilização americana mais desenvolvida. Eram apenas elementos residuais, uma vez que a civilização maia já havia declinado. Eram herdeiros dos maias os habitantes da Península e também de outras áreas dos atuais México, Guatemala, Belize, El Salvador e Honduras.

Sabemos, por meio de pesquisas arqueológicas, de mais de cinquenta núcleos maias. Entre os mais conhecidos estão, no Yucatán, os de Dzibilchaltún, Coba, Labná, Kabah e os primórdios de Uxmal e Chichén Itzá; no estado de Chiapas, encontram-se Palenque, Yaxchilán e Bonampak; em Honduras, Copan; em Belize, Nakum; na Guatemala, Tikal, Uaxactún, Piedras Negras e Quiriguá. Não há consenso sobre a natureza urbana dos núcleos maias, mas é conhecido que, ao redor de templos e palácios religiosos, havia, pelo menos em alguns centros, residências comuns (León-Portilla, 1990).

Acredita-se que, politicamente, os núcleos maias se associavam em confederações ou reinos de diversos tipos. De toda forma, teria havido pelo menos dois estamentos sociais distintos: o **povo**, dedicado às tarefas servis e à agricultura, e os **aristocratas**, que eram os governantes, os sacerdotes e os chefes militares.

O **desenvolvimento artístico** dos maias é notável. A arquitetura, a escultura e as pinturas murais – como os exemplares de Bonampak, em Chiapas – alcançaram extraordinária altura. Os sacerdotes eram os representantes maiores da arte maia. Chegaram a nós milhares de textos hieroglíficos que confirmam a complexidade da cultura maia. Sabemos também que os maias do período clássico utilizavam calendários de vários tipos com grande precisão.

Na **matemática**, os maias tinham o conceito e um símbolo para o zero, possivelmente herdados dos olmecas. É de se registrar que os hindus só alcançaram a mesma ideia milênios depois. A escrita maia ainda não foi decifrada completamente, o que nos impede de compreender a maior parte dessa civilização, seus símbolos e suas ideias. Os maias são, unanimemente, considerados a civilização mais adiantada da América Central e da América do Norte até o advento dos astecas, os quais, de toda forma, só puderam ir mais adiante graças ao que receberam culturalmente dos maias (León-Portilla, 1990).

1.2.5 Decadência e fim das civilizações clássicas

Não sabemos explicar o que levou ao desaparecimento dos maias, zapotecas, teotihuacanos e dos demais povos vizinhos durante o que podemos chamar de *período clássico*. Tudo indica que as grandiosas metrópoles mesoamericanas que mencionamos anteriormente entraram em decadência e foram abandonadas por diferentes motivos. No caso de Teotihuacán, por exemplo, há evidências arqueológicas que indicam um final repentino por volta de 650 d.C., mas o motivo permanece desconhecido.

A cidade zapoteca de Monte Albán, em Oaxaca, parece ter entrado em longo período de decadência antes de ser abandonada completamente. Nos núcleos maias, a partir de um momento os sacerdotes aparentemente deixaram de erigir as estelas, monumentos monolíticos que serviam para marcar o calendário e que são obras de elevadíssimo valor artístico. Não há indícios de ataques externos nem de cataclismos naturais. Os núcleos maias foram abandonados – a população se deslocou para outros lugares – misteriosamente.

Não sabemos as razões que levaram a essas movimentações, mas sabemos o período em que ocorreram: entre 650 e 950 d.C., intervalo de tempo durante o qual caíram as civilizações clássicas da região do México e da América Central. A ruína dessas civilizações não significou, de todo modo, o fim de suas culturas. Outros povos herdaram e emularam as culturas clássicas, por meio dos quais os castelhanos também chegaram a conhecê-las, de modo que esse patrimônio cultural é parte fundamental da identidade e da cultura contemporâneas do México e de vários países da América Central (León-Portilla, 1990).

1.2.6 Herança cultural clássica compartilhada

Um dos campos de atividade humana em que a herança das civilizações clássicas marcou mais profundamente a vida no México e na América Central é o **urbanismo**. O modelo de cidade tinha como eixo os templos e os palácios dedicados ao culto religioso e ao estamento sacerdotal. Ao redor dos templos, amplos espaços abertos.

Havia escolas espalhadas pela cidade, das quais se encarregavam os sacerdotes. O mercado era um lugar importante, onde se faziam negócios e se reuniam as pessoas. As residências do povo comum formavam bairros ao redor do centro da cidade. As casas contavam de forma geral com um quintal.

Os povos clássicos eram grandes entusiastas de plantas e vegetais, razão pela qual as cidades contavam com amplas áreas verdes de bosques e jardins em meio às quais surgiam residências, palácios e templos. Esse tipo de urbanismo continua sendo típico da América Central e do México. Um exemplo de cidade assim construída foi a metrópole asteca de México-Tenochtitlán, que os conquistadores castelhanos puderam ver.

Figura 1.4 – Ruínas de Tenochtitlán

darko m/Shutterstock

No urbanismo e na arte, os modelos clássicos influenciaram poderosamente as culturas posteriores. Da mesma forma, as **religiões clássicas** deram origem aos cultos praticados pelos astecas e outros grupos pós-clássicos. A **escrita hieroglífica**, o **calendário** e a **astronomia** também são conhecimentos compartilhados pelos povos clássicos que foram recebidos por seus sucessores, integrando-se na herança cultural fundamental dessa região (León-Portilla, 1990).

(1.3)
Antes dos astecas: outras civilizações pós-clássicas mesoamericanas

O legado cultural dos povos clássicos foi herdado pelos povos chamados *pós-clássicos*, entre os quais se encontram os astecas, mas não somente estes. A influência de Teotihuacán foi extensa e poderosa não apenas no sul, mas também no norte do México. A arqueologia mostra que até os índios pueblos, habitantes do atual Novo México e de parte do Arizona, receberam o influxo da "metrópole dos deuses" (León-Portilla, 1990). Tudo indica que grupos relacionados com Teotihuacán se estabeleceram no norte, atuando no controle das fronteiras, a fim de impedir a entrada dos *chichimecas*, termo que designava indistintamente diversos grupos seminômades, coletores e caçadores que vinham do norte.

1.3.1 Os toltecas

Entre os grupos que combatiam os chichimecas, provavelmente, estavam os que vieram a ser conhecidos como *toltecas*.

Acredita-se que, tomando conhecimento da queda de Teotihuacán, os toltecas e outros povos que guardavam o norte contra os chichimecas decidiram regressar ao centro do México, seu lugar de origem. Vários documentos relatam a longa marcha que implementaram. Uma vez chegados ao México central, estabeleceram-se os toltecas em Tula – nome que significa *metrópole* –, localidade situada a cerca de 80 km ao norte da atual Cidade do México.

Para compreender a cultura e a história dos toltecas, é preciso fixar na figura de Quetzalcóatl, um governante homônimo à divindade representada pela serpente emplumada. Documentos em náuatle relatam a vida e a obra do governante Quetzalcóatl. Conta-se que, durante a juventude, dirigiu-se a Huapalcalco para aí dedicar-se a uma vida de meditação. Uma vez nessa cidade, foi aclamado rei e sumo sacerdote pelos toltecas, que se tornaram um povo poderoso, guiado por seu sacerdote-rei (León-Portilla, 1990).

Queda e êxodo dos toltecas

O poder de Quetzalcóatl cresceu à medida que diversos povos passavam a aceitar seu governo. Palácios e templos foram construídos em honra ao deus e ao sacerdote-rei homônimos, mas, por volta do ano de 1150, ocorreria a queda final da cidade de Tula. O motivo da decadência e do fim não é conhecido. De todo modo, a derrubada dos toltecas favoreceu a ampla difusão e penetração da própria cultura em diversos povos. Os mixtecas, em Oxaca, e os maias, no Yucatán e na Guatemala, registraram a presença dos toltecas entre eles.

Os maias, após a derrubada de sua civilização, dispersaram-se em pequenos reinos, entre os quais alguns, de língua quiche e cakquiche, alcançaram alguma prosperidade. A chegada de grupos toltecas ao Yucatán e à Guatemala contribuiu para esse processo. Na Guatemala, o nome de Quetzalcóatl transformou-se, na língua local, em Gucumatz. No Yucatán, o chefe dos invasores toltecas passou a se chamar Kukulcán, que também significa Quetzalcóatl.

A preeminência **militar** e **religiosa** de Quetzalcóatl nessas culturas levou, no momento da conquista castelhana, à identificação do conquistador espanhol Hernán Cortés com a divindade mexicana (León-Portilla, 1990).

Tanto no Yucatán quanto na Guatemala, os toltecas impuseram-se aos habitantes de origem maia. Com isso, promoveram o surgimento de nova cultura híbrida por meio da toltequização da cultura maia sobrevivente. No Yucatán, criou-se uma liga entre as cidades de Mayapán, Chichén Itzá e Uxmal. A influência tolteca chegou ao ponto de fazer levantar em Chichén Itzá templos e pirâmides como os que existiam em Tula. Contudo, a conquista tolteca não logrou suscitar um renascimento da antiga civilização maia, perdurando a decadência da região até a chegada dos castelhanos, que completaram, em 1525, a conquista da Guatemala e, em 1546, a do Yucatán (León-Portilla, 1990).

1.3.2 As "sete tribos"

Assim como povos do norte adentraram o centro e o sul do México após a queda de Teotihuacán, também com o abandono de Tula – quando os toltecas se dirigiram ao Yucatán e à Guatemala – houve novas entradas de grupos nortenhos. Dessa vez, tidos como bárbaros pelos toltecas, foram os chichimecas. Estes penetraram a fronteira, vindos do norte, e se estabeleceram nos antigos domínios toltecas ao centro do México.

Documentos dão conta de que os chichimecas encontraram ainda grupos e famílias toltecas que não se haviam deslocado para o sul. Após embates iniciais, seguiram-se processos de acomodação e interculturação: os chichimecas asseguraram o domínio político e militar, mas se imbuíram da cultura, da religião, do calendário e da escrita toltecas.

Em fins do século XIII, novos grupos vieram do norte. Esses grupos, as "sete tribos", eram de língua náuatle, como também o eram os toltecas e parte dos teotihuacanos. Nesse momento, o México central apresentava grande **diversidade de entidades políticas**. Algumas eram cidades de origem tolteca, ou mesmo teotihuacana, que de alguma forma renasciam. Outras eram cidades novas de cultura híbrida chichimeca e tolteca (León-Portilla, 1990).

As "sete tribos" vindas do norte eram: xochimilcas, tlahuicas, acolhuas, tlaxcaltecas, tepanecas, chalcas e mexicas. De sua mítica terra ancestral, Aztlan, surgiu o nome *astecas*, dado a essas sete tribos. De alguns textos deixados por mexicas e tlaxcaltecas, deduz-se que eles consideravam estar de regresso à terra de origem. Após numerosas adversidades, lograram instalar-se na ilha de Tenochtitlán, em uma região de lagos no centro do México. Isso ocorreu no ano de 1325 (León-Portilla, 1990).

(1.4)
O IMPÉRIO ASTECA

O império asteca surgiu da conquista do vale do México pelos mexicas, após vencerem os tepanecas – uma das "sete tribos" vindas do norte –, que haviam soprepujado os chichimecas, vencedores dos toltecas, sucessores dos teotihuacanos no centro do México.

O apogeu dos mexicas no centro do México ocorreu cerca de sessenta anos antes da chegada dos castelhanos. Durante esse período de maior poder político e cultural, realizaram a façanha de mudar radicalmente a explicação de sua própria história.

1.4.1 Formação lendária dos mexicas

O Rei Itzcoátl, por volta do ano de 1430, ordenou que se destruíssem os antigos livros que guardavam a história e a religião dos mexicas, justificando que estavam repletos de falsidades, e impôs, em seu lugar, uma nova versão da formação e da identidade dos mexicas. Por meio das fontes de origem mexica que nos chegaram, podemos compreender a nova imagem que a elite mexica forjou para si (León-Portilla, 1990).

Sabemos muito mais sobre os mexicas que sobre os povos anteriores mesoamericanos porque, além das fontes indígenas, temos os numerosos e minuciosos relatos dos castelhanos, que descreveram e divulgaram informações preciosas sobre a organização política e social dos astecas, bem como sobre suas ideias religiosas e históricas.

De acordo com a versão mexica de sua própria história, a vida anterior à entrada no vale do México era de sofrimento e exploração. Em Aztlan, o lugar de origem deles, eram dominados pelos *tlatoque* – os governantes – e pelos *pipiltin* – os nobres. Por sua vez, os mexicas eram os *macehualtin*, plebeus submetidos à servidão. Trabalhavam para os *tlatoque*, a quem pagavam tributos (León-Portilla, 1990).

Revoltados contra a exploração, os mexicas abandonaram Aztlan em busca de uma **terra de liberdade**, prometida por uma manifestação do deus Tezcatlipoca em revelação privada ao sacerdote Huitzilopochtli. Segundo o sacerdote, que foi deificado posteriormente, na nova terra os mexicas seriam os *pipiltin* e os *tlatoque* e teriam os próprios *macehualtin* para trabalhar para eles e pagar-lhes tributo.

Para os mexicas, cada povo tem seu destino ligado ao de sua divindade. As façanhas de Huitzilopochtli foram cantadas por seu povo: o anúncio de seu nascimento, suas vitórias militares e até sua identificação com o sol. A glória de Huitzilopochtli havia de ser prenúncio da glória dos mexicas. Essa era a esperança que motivava os mexicas em sua longa marcha desde o norte do México até o encontro da terra prometida (León-Portilla, 1990).

Os mexicas, que eram todos *macehualtin* em Aztlan, passaram a organizar-se em grupos chamados *calpulli*, termo cujo significado aproxima-se ao de *grande casa*. A natureza dos *calpulli* ainda é debatida: tradicionalmente, acredita-se que os membros de um *calpulli* tinham um ascendente comum, ligando-se, portanto, por laços de sangue. Outras teorias sugerem que cada *calpulli* reunia mexicas que praticavam o mesmo ofício. Guiados pelos guerreiros e pelos sacerdotes, os *calpulli* dos mexicas realizaram longa marcha que os fez ultrapassando por variadas adversidades.

Tal qual os outros grupos anteriores ou contemporâneos, os mexicas tendiam a ver em Quetzalcóatl a suprema fonte de poder, de modo que os mandatários adquiriam legitimidade na medida em que demonstravam receber poder do deus dos toltecas. Uma vez instalados no vale do México, na ilha prometida de Technotitlán, os mexicas buscaram relacionar-se também com Quetzalcóatl por meio de casamentos com a nobreza tolteca, que representava a descendência de seu deus.

A nobreza mexica teve início com Acamapichtli, um descendente dos toltecas de Colhuacán, a primeira das cidades dos toltecas e a primeira a dar a seu chefe o nome de *tlatoani* (plural: *tlatoque*), que significa "aquele que fala", isto é, o governante. Acamapichtli e outros *pipiltin* de Culhuacán casaram-se com as filhas dos sacerdotes e guerreiros mexicas, comunicando-lhes a dignidade de *pipiltin* e de descendência de Quetzalcóatl. A identidade de sucessores dos toltecas e de descendentes de Quetzalcóatl marcava fortemente a maneira de os *pipiltin* mexicas se portarem e verem o mundo (León-Portilla, 1990).

No momento em que se produziu a versão oficial dos mexicas sobre a própria história e identidade, muitos povos já estavam submetidos e pagavam tributo aos *tlatoque* e *pipiltin* de Tenochititlán. Parecia haver-se cumprido a profecia de Huitzilopchtli: os antigos plebeus e servos em Aztlan haviam se convertido em *tlatoque* e *pipiltin* mexicas em Techonititlán.

1.4.2 Início da consolidação política dos mexicas

Acamapichtli[1] foi o primeiro *huey tlatoani* (imperadores ou governantes supremos) de Tenochtitlán. De origem tolteca, foi o fundador da alta nobreza mexica, a dos *tlazo-pipiltin*, "ilustres nobres". Os *tlazo-pipiltin* diferenciavam-se dos demais nobres porque eram os descendentes de algum *huey tlatoani*. Acamapichtli morreu em 1390 e foi sucedido por Huitziliuitl até 1415, e por Chimalpopoca, até 1426 (León-Portilla, 1990).

Durante esses três primeiros reinados, os mexicas estavam submetidos ainda aos tepanecas, que se haviam tornado senhores de Azcapotzalco e dominavam a meseta central mexicana. A ilha de Tenochititlán pertencera aos tepanecas, aos quais, de 1325 até 1426, os mexicas ali instalados pagaram tributos.

Logo depois da morte do *Huey Tlatoani* Chimalpopoca em 1426, uma guerra entre tepanecas e mexicas começou. Com o apoio de outros povos submetidos aos tepanecas de Azcopotzalco, os mexicas venceram o embate e deixaram a condição de vassalagem. O senhorio mexica de Tenochtitlán passava a ser, portanto, independente, momento desde o qual começaram a construir seu próprio império.

---

1 No site da Biblioteca Digital Mundial (http://wdl.org/pt/), é possível encontrar ilustrações históricas de diversos períodos e regiões. Na página https://www.wdl.org/pt/item/6718/, é possível ver imagem do Imperador Acamapichtli retirada de um códice do século XVI.

Sucederam-se como governantes supremos: Itzcóatl (1426-1440); Moctezuma Ilhuicamina (1440-1469); Axayácatl (1469-1481); Tízoc (1481-1485); Ahuitzotl (1486-1502); e Moctezuma II (1502-1520), que governava no momento em que os castelhanos alcançaram Tenochititlán.

Durante os mencionados reinados, o domínio asteca estendeu-se e aprofundou-se, tendo se tornado um império bastante opressor, caracterizado pelos sacrifícios humanos contínuos que vitimavam de modo especial os povos conquistados (León-Portilla, 1990).

O poder dos astecas assentava-se no campo militar e na convicção de que seu destino era o de dominar, conforme vislumbrava a profecia de Huitzilopochtli. Não apenas pela **ação militar**, mas também pelo **comércio** exerciam os astecas o poder sobre outros povos e garantiam crescente prosperidade. Chegaram a dominar povos de línguas diferentes, como os totonacas e os huaxtecas, nos atuais estados mexicanos de Puebla e de Veracruz, e os mixtecas e os zapotecas, no atual estado de Oaxaca.

Cronistas castelhanos – em sua maioria –, bem como historiadores do século XIX, viram na estrutura política e econômica dos mexicas o mesmo nível de desenvolvimento da Europa feudal. Dessa forma, tornou-se usual a referência a reis, príncipes, corte real, fidalgos, cortesãos, nobres, plebeus, servos e escravos. Existe um contínuo debate sobre a maneira de classificar a organização política asteca. Embora seja usual a denominação de *império*, há correntes que preferem classificar o domínio asteca como uma *confederação* (León-Portilla, 1990).

Organização do poder e estrutura político-cultural asteca

A estrutura político-social asteca ainda é um tópico bastante discutido. A partir do século XIX, intensificou-se crescentemente o debate sobre o assunto. Apesar disso, algumas conclusões se impuseram. É amplamente aceito que os *macehualtin* se agrupavam em *calpulli* de acordo com vínculos de parentesco e que seu estatuto social era marcadamente distinto do dos *pipiltin*, de modo que existiam classes sociais entre os astecas.

Uma das distinções mais importantes entre o estatuto social dos *macehualtin* e o dos *pipiltin* refere-se à propriedade da terra. Esta só era acessível aos aristocratas, os *pipiltin*, que eram os chefes políticos, entre os quais se escolhia o governante supremo. Não se pode negar que havia entre os astecas uma estrutura hierárquica política muito bem estabelecida, isto é, um estado ou reino.

No interior da aristocracia dos *pipiltin*, existiam diferentes dignidades, as quais eram muito respeitadas por seus membros como critério para a escolha de cargos públicos e participação no poder. O grupo mais importante era o dos *tlazo-pipiltin* – em português, *nobres ilustres* –, descendentes dos que haviam sido governantes supremos. Era dentro desse grupo que se escolhiam os *huey tlatoani*. Por sua vez, os *pipiltin* – em sentido específico – eram os que tinham alguma relação, embora não de descendentes diretos, com os governantes supremos, os quais se consideravam também descendentes dos toltecas (León-Portilla, 1990).

Além dos *tlazo-pipiltin* e dos *pipiltin* em sentido estrito, havia entre os *pipiltin* os *cuauh-pipiltin* (nobres águias), que eram guerreiros e outros homens de prestígio que, por seus feitos, eram assimilados à aristocracia. Vemos, nesse grupo, o funcionamento de um mecanismo de **mobilidade social**. Por fim, devemos mencionar também os *tequihuaque* (que o jurista castelhano Alfonso de Zorita traduziu como *fidalgos*): eram filhos de dignitários importantes, como os *teteuctin* (senhores), os quais podiam ser *pipiltin* ou representantes especiais de algum *calpulli* (León-Portilla, 1990).

Os *pipiltin* concentravam os melhores cargos administrativos e recebiam a propriedade das terras, além de não pagarem tributos. Tinham a seu dispor os *mayeques*, trabalhadores da terra. Podiam tomar tantas mulheres quantas pudessem sustentar. Entre os privilégios que tinham incluíam-se ainda insígnias distintivas e tipos exclusivos de diversão e de alimentação. Só podiam ser julgados por seus pares, em tribunais próprios.

Os filhos dos *pipiltin* tinham educação especial em centros de formação específicos chamados *calmécac*, onde aprendiam a tradição asteca e se preparavam para funções de governo. A educação dada nos *calmécac* incluía o que os europeus chamavam de *artes liberais*: gramática, retórica, música, poesia, história, calendário, astronomia, astrologia, direito, política e religião (León-Portilla, 1990).

Durante o governo de Moctezuma I, os astecas já dominavam a maior parte do Planalto Mexicano. O amplo território sob seu poder exigiu o aumento e o aperfeiçoamento da estrutura de governo. Os *huey tlatoani* concentraram o poder político a fim de garantir a **unidade do império**. Um *huey tlatoani* não era considerado um deus, mas o sumo pontífice da religião asteca. Além da dignidade religiosa, era o chefe das forças armadas e juiz e senhor supremo, a grande autoridade, o soberano total. Era eleito pelos *tlazo-pipiltin* – não se chegou a estabelecer regra de hereditariedade para a transmissão do poder supremo. Os *tlazo-pipiltin* justificavam o privilégio que tinham de eleger o imperador com base na promessa de obediência feita pelos plebeus no momento da guerra contra os tepanecas.

Como auxiliar e conselheiro do *huey tlatoani*, tinha especial responsabilidade no governo o *cihuacóatl*, termo cujo significado pode ser "mulher serpente" ou "mulher gêmea". A compreensão dual da religião asteca refletia-se, dessa forma, na estrutura do poder político supremo. Durante a ausência e após a morte do *huey tlatoani*, o *cihuacóatl* o substituía, convocando e presidindo o conselho de eleitores e o tribunal supremo.

Outros cargos políticos que integravam o íntimo do poder asteca eram o *tlacochcalcatl* e o *tlacatécatl*, responsáveis pela administração militar. Também havia dois dignitários responsáveis pela administração da justiça; e outros dois, pela administração financeira. Todos eles presidiam conselhos dentro de suas áreas de jurisdição e integravam o conselho supremo presidido pelo *huey tlatoani* ou, em sua ausência, como dito, pelo *cihuacóatl* (León-Portilla, 1990).

As cidades do império – tanto as cidades dos mexicas quanto as aliadas, Tezcoco e Tlacopan, e as conquistadas – eram governadas por servidores nomeados pelo soberano. Esses governadores chamavam-se *tlatoque*, plural de *tlatoani*. No caso de cidades conquistadas, podiam ser *pipiltin* enviados da metrópole ou os antigos governantes vencidos, após fazerem solene promessa de obediência.

Os *calpulli* eram administrados por servidores nomeados pelo imperador com o nome de *teteuctin*. Normalmente também eram *pipiltin*, mas não sempre. Por sua vez, o grupo de produção chamado *teccalli*, dedicado ao provimento do palácio, era administrado por um *teuctli* – um governante. Era grande a responsabilidade dos *teteuctin*, pois estavam no eixo da produção econômica asteca, tendo sido o elo entre os *macehualtin* e os *pipiltin* e os *tlatoque*, além do *huey tlatoani* (León-Portilla, 1990.

(1.5)
A QUEDA DO IMPÉRIO ASTECA

Em inícios do século XVI, havia diversas entidades políticas da região do atual México, com diferentes estruturas de governo. Conforme Manuel Payno (2009, p. 36, tradução nossa), que utiliza termos de origem grega e latina para identificar o funcionamento das comunidades políticas americanas, "a república de Tlaxcala (terra do milho), que fundaram os toltecas na serra de Matlalcueye, [...] foi governada por cinco caciques ou senhores até 1412, mas à época da vinda dos espanhóis era uma república regida por um senado composto de anciãos, e estava em guerra com o império mexicano", isto é, o império asteca. O império asteca ou mexicano mantinha constante guerra contra as repúblicas e senhorios independentes, tendo já conquistado diversos deles quando chegaram os castelhanos. Ao mesmo tempo, mantinha firme aliança com outros dois reinos, sediados nas cidades de Texcoco e Tlacopan (esta às vezes designada como Tacuba), que partilhavam o domínio do império com Tenochtitlán. Com o passar do tempo, Tenochititlán relegou suas cidades aliadas à categoria de coadjuvantes no governo do império, gerando ressentimentos que contribuíram para a causa dos castelhanos.

1.5.1 A expedição de Hernán Cortés

Em 1517, Francisco Hernández de Córdoba, após partir de Cuba comissionado pelo governador Diego Velázquez de Cuellar, chegou à Península do Yucatán, ao sul do México. As populações de origem maia que habitavam a região, em primeiro momento, receberam bem os navegantes. Logo em seguida, porém, expulsaram os castelhanos, obrigando-os a se refugiar nos navios. Foi a primeira vez, desde 1492, que ocorria uma resistência efetiva à conquista.

Também de Cuba – onde continuava como governador Diego Velázquez – partiram os conquistadores do México, em 1519. O comando da expedição vitoriosa ficou a cargo do capitão Hernán Cortés, nascido em 1485 em Medellín, na Extremadura. Cortés havia chegado à América em 1504, aos 19 anos. Instalou-se na ilha de Santo Domingo, onde se arregimentavam os espanhóis. Em 1511, acompanhou o capitão Diego Velázquez na conquista e no povoamento de Cuba, que, uma vez incorporada a Castela, tornou-se a nova base dos espanhóis na América.

Figura 1.5 – Representação de Hernán Cortés, conquistador espanhol

Morphart Creation/Shutterstock

A expedição capitaneada por Cortés compunha-se "de 11 barcos [...], 508 soldados, 110 homens entre mestres e marinheiros" e mais outros militares, além de "200 índios da ilha e algumas índias de servidão" (Payno, 2009, p. 18, tradução nossa), e também material bélico e animais. Acompanhavam Cortés "Diego de Ordaz, os cinco irmãos Alvarado, Gonzalo de Sandoval, Juan Velázquez de León, Francisco de Montejo, Diego de Soto, Merla, Olid, Portocarrero,

Escalante e outros que depois ficaram muito notáveis" (Payno, 2009, p. 18, tradução nossa).

Cortés primeiro aportou na ilha de Cozumel. Ali conseguiu resgatar alguns espanhóis que haviam sido vencidos e escravizados pelos indígenas do Yucatán quando se tentou a expedição chefiada por Juan de Grijalva. Entre eles, foi de especial importância o frade Gerônimo de Aguilar, franciscano, que conhecia a língua maia e serviu como intérprete.

Vejamos o que diz Tzvetan Todorov (1991, p. 117) sobre esse contexto:

> *O que Cortés quer, inicialmente, não é tomar, mas compreender; são os signos que interessam a ele em primeiro lugar, não os referentes. Sua expedição começa com uma busca de informação e não de ouro. A primeira ação importante que executa – a significação deste gesto é incalculável – é procurar um intérprete. Ouve falar de índios que empregam palavras espanholas; deduz que talvez haja espanhóis entre eles, náufragos de expedições anteriores; informa-se, e suas suposições são confirmadas. Ordena então a dois de seus barcos que esperem oito dias, depois de enviar uma mensagem a esses intérpretes potenciais. Depois de muitas peripécias, um deles, Jerónimo de Aguilar, se une à tropa de Cortez, que quase não reconhece nele um espanhol. [...] Esse Aguilar, transformado em intérprete oficial de Cortez, lhe prestará serviços inestimáveis.*

De Cozumel, Cortés dirigiu-se a Tabasco, aonde chegou no dia 12 de março de 1519. Deixou os barcos grandes no ancoradouro e subiu o rio com os menores. Os habitantes de Tabasco atacaram os espanhóis e mantiveram contra eles três batalhas, ao fim das quais saiu vencedor Cortés. Os caciques renderam-se e ficaram submetidos ao conquistador (Payno, 2009).

De Tabasco ao desembarque em Veracruz

Foi em Tabasco que Cortés conheceu a índia Malitnzin, também chamada Malinche ou dona Marina. Apesar de casado em Cuba com Catarina Juárez, Cortés envolveu-se com Maltinzin, com quem teve seu primeiro filho, Martín Cortés, que, apesar de concebido fora do casamento, foi – a pedido do pai – legitimado pelo papa e nobilitado ao receber o hábito da Ordem de Santiago. Martín Cortés foi o primeiro mestiço mexicano e, posteriormente, um símbolo importante para a construção da identidade da futura nação independente.

Malinztin estava entre as dez ou vinte virgens que os tabasquenhos ofereceram aos espanhóis depois de sua vitória. Ao se batizar recebeu o nome de Marina. Pode-se dizer que, sem a sua colaboração ativa, a conquista do México não se realizaria da maneira como se deu. Maltinzin foi guia e intérprete, evitando aos espanhóis emboscadas que teriam sido fatais (Payno, 2009).

Deixando Tabasco, Cortés seguiu por via marítima, acompanhando a costa, até chegar aonde está o forte de San Juan de Ulúa, no dia 21 de abril de 1519. No dia seguinte, desembarcou e fundou uma cidade a que deu o nome de Villa Rica de Veracruz. Nomeou os responsáveis pelo governo da cidade e recebeu o título de capitão geral (ver Capítulo 3).

Perto de Veracruz estava a localidade indígena de Chalchihuecán. Os índios que ali habitavam foram com seus chefes e caciques até a presença dos espanhóis, com quem amistosamente trocaram presentes e informaram que eram vassalos de um poderoso soberano chamado Moctezuma (ou Montezuma), o segundo desse nome (Payno, 2009).

Depois de alguns dias em Veracruz, Cortés visitou o cacique da cidade totonaca de Cempoallán, que era inimigo de Moctezuma II e lhe deu informações preciosas, como a existência da república de Tlaxcala, também inimiga dos astecas. Nesse momento, Cortés decidiu marchar até a Cidade do México para conhecer o imperador, caminho no decorrer do qual também conheceria aliados e opositores. Alguns castelhanos se revoltaram contra Cortés, exigindo-lhe voltar a Cuba. Foram exemplarmente punidos, uma vez que Cortés mandou queimar todas as embarcações, fazendo significar que não havia outro plano senão a vitória.

Em direção a Tenochtitlán

Com o apoio dos totonacas, Cortés deixou "uma pequena guarnição em Veracruz [e] lançou-se à aventura acompanhado de 400 conquistadores a pé, 15 a cavalo, 6 canhões e uns 1.300 índios amigos" (Vianna, 1952, p. 49). Moctezuma II já sabia de sua existência e já o esperava. Conforme relata Manuel Payno (2009, p. 43-44, tradução nossa), o imperador mexica

> *[e]ra muito dado à guerra e havia realizado muitas campanhas e expedições durante a vida de seu pai [Axayácatl]. No segundo ano de seu reinado, empreendeu, aliado com os huejotzingas [ou tochos, povo indígena de fala náuatle pertencente ao senhorio de Etzatlán, um estado pré-hispânico localizando na atual região de Jalisco], uma campanha contra a república de Tlaxcala. Suas tropas foram derrotadas, e seu filho Tlacahuepán foi morto no campo de batalha. Voltou a reunir forças consideráveis para invadir os tlaxcaltecas, mas não teve melhor resultado. No quarto ano declarou guerra ao reino de Michoacán [com capital na cidade de Tzintzuntzan, era povoado pelos purépechas, que tinham língua própria e eram conhecidos também como michoacas ou michoacanos, palavras de etimologia náuatle], e pôs as forças sob o comando de um tlaxcalteca de muito valor, chamado Tlahuicole, que havia sido feito prisioneiro pelos mexicanos [mexicas] em uma de suas campanhas contra a república de Tlaxcala. No quinto ano declarou guerra à Guatemala. Obtiveram suas armas muitas*

vitórias e fizeram um grande número de prisioneiros que foram sacrificados na dedicação de um templo. Por este tempo se sublevaram várias províncias mixtecas e tehuantepecanas, mas foram reduzidas à ordem, e foram castigados os chefes dessa conspiração. Novas revoltas perturbaram a paz do reino, mas os mexicanos [mexicas] se sobrepuseram a tudo e enviaram expedições militares até Honduras e Nicarágua. Em 1518 chegou Juan de Grijalva às costas do Golfo. Moctezuma teve notícias muito exatas dessa expedição e imediatamente concebeu os maiores temores a respeito do destino de seu império, que aumentaram graças a fenômenos da natureza. Houve tremores e furacões no vale do México. O templo maior incendiou-se repentinamente, e apareceu no céu um grande cometa. Tudo isso, reunido a uma antiga tradição que dizia que os filhos do Sol viriam do Oriente, acovardou Moctezuma e todos os habitantes, até que o espanto reinou quando se soube que Cortés havia desembarcado em Veracruz, o que [...] se verificou na sexta-feira da Paixão do ano de 1519. A primeira ideia de Moctezuma foi marchar com um grande exército e atacar o invasor; mas, dominado por funestas superstições, não se atreveu a tanto: em vez de fazer guerra imediatamente, convidou Cortés à paz, enviando-lhe presentes valiosos e dois embaixadores parentes seus. Cortés marchou a Cempoallán e formou aliança com os totonacos, que estavam desgostosos do despotismo dos mexicanos. Pouco depois decidiu vir ao México e subiu com suas tropas a Mesa Central da cordilheira.

Em direção ao México – ou Tenochtitlán –, Cortés saiu de Cempoallán no dia 16 de agosto de 1519, passando pelas localidades de Xalapa, Socochima, Colotlan e Xalatzingo, até as fronteiras de Tlaxcalan. Houve feroz batalha contra os tlaxcaltecas, que pensaram ser Cortés vassalo de Moctezuma. Os castelhanos estiveram próximos de sucumbir diante do exército tlaxcalteca, chefiado pelo jovem general Xicoténcatl, na batalha de 5 de setembro, mas, vencendo afinal, celebraram um tratado de paz com a república e foram recebidos na cidade de Tlaxcala no dia 22 de setembro.

Contando com o apoio militar de seus novos aliados tlaxcaltecas, Cortés e suas tropas seguiram para Cholula, onde, a princípio, foi recebido amistosamente. Dona Marina, intérprete e amante do conquistador, descobriu, porém, que o plano cholulteca era matar todos os espanhóis em uma emboscada (Vianna, 1952). Para vingar-se, Cortés denunciou publicamente o plano e investiu contra Cholula, permitindo que os tlaxcaltecas que o acompanhavam pilhassem a cidade antes de voltar para Tlaxcala.

Ixtlilxóchitl e o reino do Texcoco

Cortés permaneceu duas semanas em Cholula e continuou em seguida sua marcha em direção à capital dos astecas. Nesse caminho, angariou novos aliados, como o Príncipe Ixtlilxóchitl, que governava uma parte do reino de Texcoco. Como já vimos, essa monarquia era uma das três que conformavam a aliança que dominava o império asteca, junto ao reino mexica de Tenochtitlán e ao reino de Tlacopan.

O reino de Texcoco estava dividido desde a morte do Rei (*Tlatoani*) Nezahualpilli em 1516. A sucessão foi disputada por dois de seus filhos, o mencionado príncipe Ixtlilxóchitl e o irmão Cacamatzin, que recebeu o apoio de Moctezuma II. Instaurou-se uma guerra civil que terminou com o compromisso de dividir o reino em duas partes: o sul, com a capital, ficou sob Cacamatzin; e o norte, com Ixtilxóchitl, que se tornou inimigo aberto de Moctezuma II.

Aliando-se a Cortés, Ixtilxóchitl venceu o irmão com a ajuda dos castelhanos, razão pela qual foi feito rei de Texcoco em 1520. Em seguida, chegaram ambos a Tenochtitlán para conquistar a capital asteca. Ixtilxótchitl pediu o batismo, tendo sido Hernán Cortés seu padrinho. Tornou-se um grande incentivador da evangelização e importante aliado dos espanhóis. Um descendente direto seu, o fidalgo Fernando de Alva Cortés Ixtlilxóchitl, escreveu durante os primeiros anos século XVII uma série de crônicas que relatavam a história dos povos indígenas, sendo, em seguida, nomeado governador de Texcoco e de Tlalmanalco.

A entrada na Cidade do México

A entrada solene de Cortés na Cidade do México ocorreu no dia 8 de novembro de 1519. O imperador "recebeu-o perfeitamente, saindo em um estribo alto e rodeado de toda sua nobreza", e "conduziu-o ao palácio de Axayácatl" (Payno, 2009, p. 22, tradução nossa). Eram dois mundos e duas cosmovisões que se encontravam finalmente. Dos dois pontos de vista, as concepções de *império* e de *religião* entrelaçavam-se intimamente.

Desde que havia desembarcado em Veracruz, no litoral, sabendo da existência de um grande imperador no planalto, Cortés concebera sua estratégia: "um governante que exerça o domínio sobre muitos povos devia ser ele mesmo conduzido [...] a reconhecer um senhorio ainda mais alto que o seu, o do rei da Espanha. Portanto, o objetivo supremo deveria ser chegar até Moctezuma" (Elliott, 1990, p. 150, tradução nossa).

Os castelhanos foram recebidos em Tenochtitlán como convidados, mas, com o passar do tempo, o plano de Hernán Cortés viu-se complicar de diversas maneiras. Por um lado, apesar da simpatia de Moctezuma II para com os convidados – aos quais possivelmente considerava representantes de Quetzalcoátl (Elliott, 1990) –, caciques subalternos resistiram aos europeus, entre os quais Cuauhpopoca, que Moctezuma II terminou por entregar a Cortés para que o julgasse e o castigasse.

Por outro lado, o governador de Cuba, Diego Velázquez, considerando que Cortés ultrapassara os limites de sua expedição, enviou Pánfilo de Narváez com cerca de seiscentos homens para interceptar

Cortés (Vianna, 1952). Cortés teve de deixar a capital e voltar em direção a Veracruz para combater as tropas de Narváez, mas logrou derrotá-las e angariou para sua causa boa parte dos soldados vindos de Cuba. Enquanto estava fora da Cidade do México, deixou o conquistador Pedro de Alvarado em seu lugar (Payno, 2009).

Quanto a Moctezuma II, com o crescimento das animosidades na capital contra os espanhóis, Cortés decidiu tomar o imperador sob custódia. Conseguiu dele o reconhecimento da soberania do rei de Espanha e, assim, Moctezuma passou a ser títere de Cortés. De toda forma, "a suposta *translatio imperii* de Moctezuma a Carlos V, descrita por Cortés na engenhosa série de verdade e ficção com que agradou ao imperador em suas célebres 'cartas de relação', marcou o começo, não o fim, da conquista do México" (Elliott, 1990, p. 150, tradução nossa).

A revolta dos mexicas contra os espanhóis avolumou-se crescentemente, apesar do aparente consentimento do *huey tlatoani* à soberania castelhana. Em certa ocasião, Cortés solicitou a Moctezuma que se dirigisse ao povo pedindo que baixasse as armas. Nessa ocasião, o imperador foi atingido por pedras e flechas e faleceu em seguida (Payno, 2009).

Diante da morte de Moctezuma e do fracasso da tomada da capital, Hernán Cortés decidiu retirar-se de lá lutando contra os astecas. Isso foi feito na noite de 30 de junho de 1520, que ficou conhecida como a "noite triste", uma batalha que os espanhóis perderam de modo trágico. Os castelhanos só conseguiram voltar a Tenochtitlán 14 meses depois (Elliott, 1990).

Com a morte de Moctezuma II, seu irmão Cuilahuatzín foi eleito imperador, o qual, morto poucos dias depois por conta de varíola, foi substituído por Cuauhtémoc, jovem de cerca de 20 anos que sustentou a guerra contra os castelhanos, mantendo-os cada vez mais distantes da capital (Payno, 2009).

Na batalha de Otumba, porém, os mexicas foram vencidos por Cortés. As tropas castelhanas encontravam-se severamente desgastadas e não se comparavam com o exército asteca, mas Cortés, identificando o general – ricamente vestido, portando o estandarte imperial –, logrou derrubá-lo e, dessa forma, desbaratar os soldados astecas (Payno, 2009).

Surpreendentemente vitoriosos em Otumba, dirigiram-se os espanhóis para Tlaxcala, terra de aliados. Ali foram recebidos por Maxixcatzin, cuja função de governo foi interpretada pelos espanhóis como a de um senador em uma república aristocrática. Cortés teve tempo para recuperar a saúde e recompor os soldados, esgotados física e moralmente. Em pouco tempo faleceu Maxixcatzin, importante aliado dos espanhóis, e estes deixaram Tlaxcala com o objetivo de reconquistar Tenochtitlán, tendo, para isso, estacionado em outras localidades aliadas, como Texcoco (Payno, 2009).

Depois de longa campanha, a rendição dos últimos elementos de resistência em Tenochtitlán ocorreu, finalmente, em 13 de agosto de 1521. Pode-se dizer, com palavras de John H. Elliott (1990, p. 152, tradução nossa), que a conquista final de Tenochtitlán "foi mais um triunfo das enfermidades levadas pelos espanhóis que de suas armas".

De todo modo, ainda de acordo com o historiador britânico, "a derrubada do império mexica, de cerca de 25 milhões de habitantes, pelo assalto de poucas centenas de espanhóis não se pode explicar exclusivamente em termos de intervenção de agentes externos, por muito destrutores que fossem" (Elliott, 1990, p. 151, tradução nossa). Exerceram um papel fundamental na queda do império asteca as **concepções fatalistas** dos mexicas quanto a uma desgraça continuamente esperada e, "em especial, a natureza repressiva da dominação mexica sobre os povos do México central. A conquista de Cortés foi tanto uma revolta da população submetida contra seus senhores supremos como uma solução imposta a partir do exterior" (Elliott, 1990, p. 152, tradução nossa).

Uma vez consolidada a conquista, Cortés recebeu os títulos de governador, capitão geral e justiça-maior – ou seja, todo o poder político, militar e judiciário, como representante do rei – e manteve os governantes indígenas que aceitassem reconhecer a nova soberania. Inicialmente, manteve também Cuauhtémoc, recebendo-o com sua mulher e seus nobres, mas denúncias de conspiração fizeram-lhe mandar enforcar o antigo imperador e os reis de Texcoco e de Tacuba (Payno, 2009).

Como a antiga Tenochititlán se havia destruído quase completamente nos embates finais entre astecas e castelhanos, Hernán Cortés mandou construir em seu lugar uma nova cidade, que é a atual Cidade do México. O espanhol continuou as conquistas, expandindo-as para a direção de Jalisco. Viajou diversas vezes à Espanha, endividou-se para continuar as conquistas, defendeu-se de detratores, foi feito marquês – título hereditário do marquesado del Valle de Oaxaca – e fundou instituições diversas no México. Aproximando-se a morte – que ocorreu no dia 2 de dezembro de 1547 perto de Sevilha –, preparou testamento segundo o qual repartia seus bens entre todos os seus filhos e todas as mães deles, uma vez que havia obtido do papa a legitimação dos filhos concebidos fora do casamento. Pediu, finalmente, que seus restos fossem enterrados no México, o que aconteceu em 1566, na igreja de São Francisco de Texcoco, onde sua mãe e irmã haviam já sido enterradas.

Síntese

- O termo *Mesoamérica* define uma área geográfica e cultural na qual se desenvolveram diversas civilizações antes dos astecas, todas as quais compartilharam entre si inúmeras referências, a ponto de se tornarem um fundo cultural comum.

- Os olmecas formaram a primeira civilização mesoamericana conhecida, com grandes complexos de templos religiosos e outros edifícios, localizados em amplas praças – sua religião é identificada pelo culto ao jaguar, representado em máscaras de mosaico verde.
- O maior exemplo de civilização mesoamericana é a cidade de Teotihuacán, de que restam as impressionantes pirâmides do Sol e da Lua e o templo de Quetzalcóatl, localizados a cerca de 40 quilômetros da atual Cidade do México.
- O império asteca tinha sede em Tenochtitlán e surgiu no século XV, quando aconteceu a conquista do vale do México pelos mexicas após vencer os tepanecas, que haviam soprepujado os chichimecas, vencedores dos toltecas, sucessores dos teotihuacanos no centro do México.
- A conquista do México começou com a expedição chefiada por Hernán Cortés, que partiu de Cuba em 1519 e concluiu-se em 1521, com a rendição completa de Tenochtitlán, momento em que o Imperador Moctezuma II já havia falecido.

Atividades de autoavaliação

1. Qual dos seguintes povos não é um dos antigos grupos de habitantes da Mesoamérica?
    a) Chichimecas.
    b) Olmecas.
    c) Tepanecas.
    d) Zapateros.
    e) Mexicas.

2. Os mexicas de Tenochtitlán aliaram-se com os seguintes reinos para governar o império asteca:
   a) Texcoco e Tlacopan.
   b) Tacuba e Guatemala.
   c) Yucatán e Sinaloa.
   d) Castela e Aragão.
   e) Tlacopan e Texmex.

3. A organização social e política dos astecas não incluía o seguinte grupo ou posição:
   a) *huey tlatoani*.
   b) *pipiltin*.
   c) *macehualtin*.
   d) *tlatoque*.
   e) *chaskis*.

4. O imperador que recebeu Cortés em Tenochititlán em 1519 foi:
   a) Acamapichtli.
   b) Chimalpopoca.
   c) Quetzalcoátl.
   d) Moctezuma II.
   e) Huitzilopochtli.

5. Entre os indígenas aliados de Hernán Cortés contra os mexicas estavam os:
   a) olmecas e chichimecas.
   b) aruaques e taínos.
   c) totonacas e tlaxcaltecas.
   d) sioux e algonquinos.
   e) maias e incas.

Atividades de aprendizagem

Questões para reflexão

1. O México, como o Brasil, tem origem étnica pluricontinental. Sabemos valorizar as contribuições de todos os povos – originários e europeus; e também os africanos e outros povos, no caso do Brasil – para a formação de nossa nacionalidade? Em sua opinião, nós, brasileiros, podemos tirar quais lições do México sobre esse assunto?

2. Astecas e castelhanos vinham de ambientes culturais bastante distintos, mas apresentavam virtudes e defeitos próprios da comum condição humana. Em ambos os grupos, havia o desejo de expandir o império dominando outros povos. Em sua opinião, que caminhos a humanidade deveria tomar para promover a integração entre as nações sem que umas subjuguem as outras?

Atividade aplicada: prática

1. Descubra se sua cidade ou alguma cidade vizinha tem monumentos ou logradouros que homenageiem personagens astecas. Se não encontrá-los, pesquise quais capitais estaduais brasileiras têm praças, ruas ou monumentos em homenagem a algum asteca. Procure saber a origem de algum desses monumentos.

Capítulo 2
O império inca: do início
à conquista castelhana

Neste segundo capítulo, analisaremos a formação, as características gerais e a dissolução do império inca, que foi a mais extensa das entidades políticas americanas no momento da chegada dos espanhóis. Foi também um império breve, que durou menos de um século. Surgiu com o reino (curacado) de Cusco, que se tornou um império ao passar a conquistar e dominar as populações vizinhas – e também povos mais longínquos.

Após a chegada do conquistador Francisco Pizarro, castelhanos e incas disputaram o controle do império, que abarcava praticamente toda a metade ocidental da América do Sul. A vitória dos castelhanos, auxiliados por grupos indígenas submetidos pelos incas de Cusco, levou cerca de quatro décadas para se consolidar, concluindo-se em 1572, com a captura e a execução de Túpac Amaru, último inca de Vilcabamba, por sentença do quinto vice-rei do Peru, Francisco Álvarez de Toledo.

Ao longo deste capítulo, destacaremos as disputas internas entre os castelhanos – opondo-se entre si os bandos dos irmãos Pizarro e de Diego de Almagro – e entre os incas (os partidários de Atahualpa contra os defensores dos direitos de Huáscar), além de evidenciar como ocorreram as configurações de aliança entre os grupos espanhóis e indígenas nos diferentes contextos de disputa.

Entre índios e espanhóis, o elemento religioso, representado pelos missionários – especialmente os franciscanos, jesuítas, dominicanos, mercedários e agostinianos –, serviu como elo de comunicação e continuidade. A formação da sociedade peruana – que se tornou o centro da monarquia hispânica na América do Sul –, no momento de consolidação da conquista, aconteceu em razão da interpenetração cultural entre espanhóis e indígenas, surgindo daí uma cultura nova que não se identificava totalmente com nenhuma de suas duas principais raízes formadoras.

Flávio L. Alencar

(2.1)
FORMAÇÃO E EXTENSÃO DO IMPÉRIO INCA

O maior império que existia na América no momento da chegada dos castelhanos era o inca, cujo centro estava no Peru, na cidade de Cusco. Sua extensão alcançava desde regiões ao norte de Quito até mais ao sul de Talca, no Chile. Dessa forma, os incas dominavam os atuais Peru, Bolívia, Equador e Colômbia e mais da metade do Chile, além de regiões ao norte da Argentina.

Na estreita faixa entre os Andes e o Pacífico, estendeu-se o poderoso império, com dezenas de milhões de súditos, unidos sob o comando de Cusco. Segundo a lenda inca, esse povo fora conduzido por um Filho do Sol desde o antiplano andino – a zona do lago Titicaca – até as terras mais baixas, mais propícias ao cultivo agrícola. Calcula-se que essa migração tenha ocorrido no século XIII.

Apesar de instalados no vale de Cusco no século XIII, apenas no século XV é que os incas começaram a expandir seus domínios, conquistando povos vizinhos e distantes e exigindo deles tributos e serviços. Isso quer dizer que, quando os castelhanos chegaram ao Peru, o império inca era ainda bastante jovem.

Por meio de guerras de conquista, os incas dominaram a região e assimilaram culturas afins, como as dos povos chavín, tijuanaco, moche e nazca. No século XV, o império inca já estava estabelecido, tendo como capital Cusco, considerada cidade sagrada do Sol e ponto central do mundo (Iraburu, 2003).

Cusco situa-se a 3.500 metros do nível do mar. Dessa cidade partia uma série de estradas para o norte – até Quito –, para o sul – até o Chile – e para o leste, integrando o império com base em seu centro político e religioso. Ao longo do caminho, havia *tambos* – estrutura que servia como abrigo e posto administrativo no império inca –, onde usualmente viviam dois *chasquis*, responsáveis pelos correios.

Figura 2.1 – Visão panorâmica do centro histórico de Cusco, hoje

javarman/Shutterstock

O império era conhecido como Tahuantinsuyu. Estava dividido em **quatro regiões** (*suyus*): Chinchay-Suyu, ao norte; Anti-Suyu, no leste montanhoso; Cunti-Suyu, ao oeste; e Colla-Suyu, ao sul. Os dois primeiros *suyus* conformavam a metade chamada *Hanan*, e os outros dois integravam a metade chamada *Hurin*.

Em carta de junho de 1533, Hernando Pizarro, irmão de Francisco Pizarro – ambos conquistadores –, descreve o que viu no Peru, indo a caminho de Pachacámac, perto de Lima:

> *O caminho da serra é coisa para ver, porque, na verdade, em terra tão fragosa, na cristandade não se viram caminhos tão formosos [...]. Todos os arroios têm pontes de pedra ou de madeira. Em um rio grande, que era muito caudaloso e muito grande, pelo qual passamos duas vezes, achamos pontes de rede, que é coisa maravilhosa de ver. Passamos por cavalos por ali [...]. É a terra bem povoada; têm muitas minas em muitas partes dela;*

> *é terra fria, neva nela e chove muito; não há pântanos; é pobre de lenha. Em todos os povoados principais tem posto Atabalipa [ou Atahualpa, último sapa inca do Tahuantinsuyu] governadores, e assim também têm feito os senhores seus antecessores [...]. Têm depósito de lenha e milho e de tudo o mais. E contam por uns nós, em umas cordas [quipus], o que cada cacique trouxe. E quando nos haviam de trazer algumas cargas de lenhas ou ovelhas ou milho ou chicha [bebida alcóolica feita de milho], tiravam os nós correspondentes e faziam nós em outra parte. Assim têm em tudo muita conta e razão.* (Pizarro citado por Morales Padrón, 1990, p. 487-488)

O império inca, apesar de toda a extensão que tinha, foi o mais breve dos impérios pré-colombianos, tendo alcançado apenas um século de existência, até ser conquistado em 1533 pelos castelhanos. Apesar dos reis anteriores de que dão conta as crônicas, que teriam governado Cusco e chegado a treze, foram quatro – ou cinco, quando Atahualpa é incluído – os que historicamente governaram o vasto território do Tahuantinsuyu. O imperador era conhecido como *sapa inca* ou simplesmente *inca*. Note-se que o termo *inca* pode aplicar-se tanto ao povo quanto ao soberano.

2.1.1 Pachacuti, o primeiro imperador: organização da política inca

O primeiro *sapa inca* do Tahuantinsuyu adotou o nome de Pachacuti, que significa algo próximo de "reformador do mundo" ou "transformador da terra". Tendo sido já o nono *sapa inca* do reino de Cusco e responsável por transformar este em um império, tornou-se, por isso, o primeiro *sapa inca* do novo Tahuantinsuyu. A partir de 1438, esse *sapa inca* reorganizou completamente a política e a sociedade incaicas, adotando um **critério de planificação central**.

Figura 2.2 – Estátua de Pachacuti no Peru

Uwe Bergwitz/Shutterstock

Diferentemente do império asteca e das outras unidades políticas americanas, o império inca não foi estabelecido por Pachucuti como continuidade de tradições políticas anteriores. Ele foi construído pela instalação de um novo modelo de política e administração em que havia dois polos: (1) os **indivíduos**; e (2) o **poder central** e a respectiva burocracia complexa, que garantia àqueles pão e segurança. O controle do poder central chegava, por outro lado, a todos os níveis da vida social.

As terras eram divididas em três partes: a primeira era dedicada à manutenção dos serviços religiosos; a segunda era propriedade do imperador; a terceira era dada pelo *sapa inca* à comunidade. Conforme o testemunho do jesuíta José de Acosta, que viveu no Peru no século XVI, a terceira parte era de propriedade comum, não havendo ali nada privado. Os indígenas só possuíam propriedades se fosse por mercê especial do imperador, e, ainda assim, essa propriedade não poderia ser alienada nem ser dividida pelos herdeiros. A cada ano, repartiam-se essas terras entre as famílias (Acosta, 1954).

Antes de Pachacuti, Cusco não passava de uma vila pequena localizada nos Andes centrais. Não se destacava em comparação com cidades como Pachacamac, entre outras que foram conquistadas pelos incas durante o reino de Pachacuti. Com o crescimento do império, o governante determinou a reconstrução de Cusco.

A maneira com que foi levantada a nova Cusco revela a mentalidade política de Pachacuti. A reconstrução da cidade foi primeiro planejada; em seguida, a Cusco antiga foi esvaziada de habitantes; e, por fim, uma vez pronta a nova capital, as residências foram distribuídas a novos e antigos habitantes conforme um planejamento central que proibia a migração de outras famílias para a cidade imperial.

Pachacuti reformou o calendário inca e impôs o quéchua como língua franca. Também regulou a organização do trabalho de forma detalhada, bem como o comércio e a atividade militar. Levantou cidades e instituiu templos religiosos. A planificação social chegou ao modo de vestir e de comer e ao número de esposas que correspondia a cada homem conforme a posição na sociedade. O *sapa inca*, considerado "filho do Sol", determinava toda a vida social com sua autoridade.

Uma vez que o imperador era considerado divino, as determinações dele tinham caráter de mandamentos, em um contexto em que vida política e religiosa estavam unidas. A divinização dos imperadores foi crescente, conforme aumentava seu poder imperial, culminando com Huayna Capac, último imperador antes da chegada dos castelhanos. Apenas Huayna Capac foi adorado como um deus vivo. Quando faleceu, "mataram mil pessoas de sua casa, que lhe foram servir na outra vida" (Acosta, 1954, p. 22, tradução nossa).

2.1.2 As *mitas* e o controle econômico

Os incas utilizaram-se de rotas e mecanismos de produção que já existiam nas diversas comunidades indígenas dos Andes. Era comum que, para complementar a alimentação da própria aldeia – e não depender apenas da batata e do milho –, alguns indígenas fossem deslocados para áreas em que podiam cultivar outros produtos.

Cada uma dessas comunidades era estruturada com base na obediência a um chefe, que era responsável pelo abastecimento e tinha o direito de enviar os indígenas para áreas distantes por motivos de produção. O serviço devido ao chefe era chamado *mita*. Mita, portanto, era o trabalho realizado como forma de pagamento de tributos ao chefe da comunidade. A esse chefe local dava-se, tradicionalmente, o nome de *curaca*, frequentemente chamado de *cacique*, uma vez que os castelhanos tenderam a utilizar esse termo, com o qual os tainos designavam o chefe de aldeia, para qualificar todos os chefes locais americanos cujo poder não fosse equivalente ao de um rei ou ao de um imperador.

Com o avanço do império inca, o curaca passou a depender do imperador, que podia manter-lhe no poder se a este fosse fiel, ou substituí-lo por um funcionário vindo de Cusco. Os filhos dos curacas mais prestigiosos eram convidados a estudar em Cusco com os nobres da capital do império, e suas filhas eram tomadas como esposas pelo imperador e seus familiares próximos.

O curaca passou a dividir com o imperador o direito à *mita*. Dessa forma, os indígenas deveriam prestar esse tributo de trabalho ao chefe local e, também, ao soberano de Cusco. Conforme a organização econômica inca, os membros de cada comunidade conquistada deveriam cultivar a terra e prestar serviços diversos – de tecelagem, pastoreio, construção civil, segurança – ao *sapa inca*.

2.1.3 Estratificação social

O ambiente disciplinado e rígido da sociedade inca era inculcado desde a infância nas crianças. Não era costume que as mães tomassem os filhos nos braços, e os banhos eram sempre frios, apesar da temperatura baixa da região. Não havia tolerância com rebeldias. Por motivação talvez estética, o crânio das crianças era apertado entre duas pranchas, adelgando-o. O incesto era proibido ao povo, sob pena de morte, mas, a partir do Imperador Túpac Inca Yupanqui, antepenúltimo *sapa inca*, passou a ser obrigatório que o soberano se casasse com uma irmã. O jesuíta José de Acosta (1954) viu nessa norma o motivo da queda do império.

O **trabalho** era dividido entre os homens adultos de acordo com o critério da autoridade central. Conforme fosse necessário, os trabalhadores e suas famílias podiam ser trasladados (*mitma*)[1] a outras regiões. De fato, foi comum a transferência de famílias e clãs (*ayllus*) em massa (Ballesteros Gaibrois, 1985). O *ayllu* era muito mais organizado que o *calpulli* asteca e correspondia a um clã no qual se desenvolvia toda a vida familiar e laboral do indivíduo.

As **mulheres** eram consideradas bens da autoridade central, mas recebiam tratamento melhor que o dispensado por outros povos que foram integrados ao império inca. Funcionários do império eram responsáveis por distribuir as mulheres conforme a origem de cada uma delas. As mulheres "eleitas" eram dadas como esposas aos senhores e curacas – isto é, os chefes locais – ou se tornavam virgens do Sol.

---

1   Mitma era a política de reassentamento forçado de famílias e grupos étnicos que deviam, por isso, migrar de seus locais de origem para áreas recém-conquistadas no império. Dessa forma, fomentavam-se a lealdade ao império e a disseminação cultural e linguística, além do atendimento a necessidades econômicas.

As demais mulheres eram dadas como esposas ou concubinas aos homens do povo e, às vezes, também a escravos (*yanacunas*).

Os *yanacunas*, diferentemente dos servos, não estavam registrados pela autoridade pública e não tinham direitos, sendo considerados "coisas" de seus proprietários. A **escravização** dava-se pelo aprisionamento dos vencidos em guerra que não eram sacrificados, ou por via hereditária, ou por recrutamento nos *ayllus*. Conforme o império se expandia, aumentava o número de escravos.

No ápice da pirâmide social, estava o **imperador**, representante do Sol. Sua corte era formada pelo *ayllu* real ou *panaca*, composto pelos familiares do *sapa inca* e por um grande número de servidores. Os descendentes do imperador eram numerosíssimos; por exemplo, de Túpac Inca Yupanqui, sucessor de Pachacuti, registram-se cento e cinquenta filhos.

Além dos descendentes diretos do *sapa inca*, havia um corpo aristocrático de sangue real, que os castelhanos chamaram de *orejones*, em razão do formato de suas orelhas, alongadas por conta de adornos. Os *orejones* faziam valer a autoridade imperial nas províncias por meio de uma rede de curacas e outros funcionários.

2.1.4 DIREITO PENAL E CONTROLE SOCIAL

A legislação inca antiga estabelecia um regime duro, em muitos pontos próximo daquele do sistema asteca. Uma das fontes pelas quais se conhecem aspectos da vida social entre os incas é o relato do indígena cristão Felipe Guamán Poma de Ayala, nascido em 1534, filho de mãe inca e pai yarovilca[2].

---

2   *Os yarovilcas formaram a principal resistência contra o avanço do império inca, o qual, não podendo vencê-los, estabeleceu com eles uma aliança. Os yarovilcas tinham sua capital na cidade de Garu, que hoje é importante centro arqueológico.*

O relato de Felipe Guamán, redigido originalmente em castelhano mesclado de quéchua, reveste-se de importância histórica por transmitir tradições orais dos povos andinos: "Mandamos que não haja ladrões neste reino, e que, na primeira [vez], fosse castigado a quinhentos açoites e, na segunda, que fosse apedrejado e morto, e que não se enterre seu corpo, mas que o comam as raposas e os condores" (Guamán Poma de Ayala, 1987, p. 187, tradução nossa).

De acordo com Guamán Poma de Ayala (1987), o adultério era punido com pena de morte e, possivelmente, também a fornicação: tanto as moças quanto os rapazes deviam guardar-se castos, e a pena de cada culpado era ser "atado vivo pelos cabelos a uma rocha chamada *arauay* [forca]. Ali penam até morrer" (Guamán Poma de Ayala, 1987, p. 309, tradução nossa).

Os que atentassem contra a vida e a segurança do *sapa inca* tinham sua pele retirada para confecção de tambor; seus ossos, para flautas; seus dentes, para gargantilhas; e sua cabeça era usada como cuia para beber chicha (Guamán Poma de Ayala, 1987). Essa era a pena também dos prisioneiros de guerra que não fossem perdoados e reduzidos a escravos (*yanacunas*).

A legislação dos incas, proveniente da vontade do imperador, era por isso mesmo considerada **sagrada**. As normas penais, como se pode perceber, eram bastante **estritas** e **severas**. Além das penas já mencionadas, havia outras também especialmente duras, como encarcerar os delinquentes em calabouços com diversos animais, serpentes venenosas, tigres, sapos, lagartos etc. Contudo, se o apenado sobrevivesse dois dias, era retirado dali e recebia homenagens públicas (Guamán Poma de Ayala, 1987).

Ainda de acordo com o relato de Felipe Guamán, o direito penal duro lograva controlar a delinquência: "Assim andava a terra muito justa, com temor da justiça e castigos e bons exemplos" (Guamán Poma de Ayala, 1987, p. 307, tradução nossa).

2.1.5 Artes e ciências

A arquitetura inca revela grande capacidade técnica, porém sem maiores preocupações decorativas. Caracteriza-se pelas linhas sóbrias e simples, bem como pela imponência dos prédios e pela disposição harmônica do conjunto. A elegância encontrava-se na **simplicidade** e na **simetria**, recusando-se os adornos decorativos de menor escala.

Na cerâmica e na ourivesaria também se destacaram os incas, especialmente nesta última, em que as peças incaicas revelam um grau de **sotisficação** ímpar. Na música, o instrumento mais célebre era a flauta, mas se utilizavam também ocarinas, tambores e outros instrumentos.

Figura 2.3 – Cerâmica do império inca

Myriam B/Shutterstock

Não havia escrita entre os incas, mas a tradição oral transmitia canto, poesia e lendas. Na matemática, os incas utilizavam o sistema decimal em contas e estatísticas, e seu instrumento principal neste campo era um conjunto de cordas com nós a que davam o nome de *quipu*.

Figura 2.4 – *Quipu*

A astronomia, por sua vez, desenvolveu-se consideravelmente entre os incas, apesar de menos que entre os astecas.

Figura 2.5 – Templo do Sol inca – Qorikancha (Cusco)

Não conheceram a roda, mas já utilizavam o conceito de círculo, imagem do Sol. Apesar de não conhecerem nem colunas nem abóbadas, a engenharia inca foi capaz de **obras avançadas** como pontes, estradas e canais.

Figura 2.6 – Choquequirao (ruínas no Peru)

Daniel Prudek/Shutterstock

A pecuária concentrava-se na criação de lhamas e alpacas e, apesar de não utilizarem o arado, a agricultura também se desenvolveu consideravelmente.

2.1.6 Religião solar inca

A religião inca, a exemplo da asteca e da de outros povos, como os romanos e os egípcios, incorporava os cultos de outros povos vizinhos ou conquistados. Seu panteão compunha-se de um conjunto de deidades provindas das religiões dos povos submetidos. Ao mesmo tempo, os cultos desses povos se deviam submeter à religião oficial do império, e seus deuses, ao deus solar dos incas.

O deus supremo dos incas, criador de tudo o que existe, recebia o nome de Viracocha (ou Pachacámac): para os incas, ele era invisível, incognoscível e impensável. Esse deus **supremo** e **criador**, desde as origens do universo, sempre esteve acima do deus Sol e das divindades menores. Posteriormente, com a chegada dos espanhóis, estes frequentemente foram considerados manifestações de Viracocha, sendo chamados com esse nome.

O poeta Garcilaso de la Vega, nascido em Cusco em 1539 e filho de um capitão castelhano e uma ñusta (princesa inca), que se declarava "índio católico pela graça de Deus" (Garcilaso de La Vega, 1976, p. 2, tradução nossa), via concordâncias com o cristianismo na descrição inca de Viracocha ou Pachacámac. *Pachacámac* significa "a divindade suprema que dá a vida aos seres e ao universo" (Acosta, 1954, p. 21). De toda forma, o culto a Pachacámac ficava reservado, em geral, às camadas mais altas e cultas da sociedade inca.

Nas classes menos instruídas da sociedade inca, os cultos mais difundidos eram dedicados às *huacas*, "nome com que se designam as sacralidades fundamentais, ídolos, templos, tumbas, múmias, lugares sagrados, animais, aqueles astros dos quais os *ayllus* (clãs) acreditavam descender, os próprios antepassados, e, por fim, a *huaca* principal, o Sol" (Iraburu, 2003, p. 135, tradução nossa).

Diferentemente do que se passou entre os astecas, os incas não deixaram grandes templos religiosos, exceto os que se encontram no conjunto de Tiahuanaco – perto do lago Titicaca – e de Cusco. Havia, tal como entre os astecas, uma **casta sacerdotal** forte e hierarquizada. O *sapa inca*, como filho do Sol, era a autoridade suprema da religião inca.

O ritmo da vida social estava ditado por uma série de festividades religiosas: "pratica-se a confissão dos pecados, celebram-se mortificações, jejuns e orações solenes, há cerimônias para a interpretação de sinais propícios ou nefastos, e às vezes também se esfregam as *huacas* e imagens divinas com o sangue das vítimas sacrificadas" (Iraburu, 2003, p. 135, tradução nossa).

Controvérsias sobre sacrifícios humanos e antropofagia

Existe controvérsia sobre se os incas praticavam ou não sacrifícios humanos. Testemunhos do século XVI negam que os incas sacrificassem seres humanos, tais como os de Garcilaso de la Vega e do jesuíta Blas Valera, missionário do século XVI que se especializou na língua quéchua e na história do Peru. Aparentemente, os incas substituíam as vítimas humanas por animais, como as lhamas (Iraburu, 2003). Por outro lado,

> *numerosas informações, corroboradas por estudos arqueológicos, permitem-nos afirmar que, ainda que não tenha sido muito usual, esta prática não foi alheia às manifestações religiosas dos incas. As vítimas humanas [copachocas], crianças ou adolescentes sem mácula nem defeito, eram sacrificadas por ocasião de cerimônias importantes em honra de divindades e huacas, e também para propiciar boas colheitas ou afugentar desastres de pestes e secas.* (Ballesteros Gaibrois, 1985, p. 271, tradução nossa)

Diferentemente de Garcilaso de la Vega e do jesuíta Valera, o índio Guamán Poma de Ayala (1987) relatou uma série de datas festivas em que se davam sacrifícios humanos: por exemplo a festa Ynti Raymi, em junho, na Chacra Yapuy Quilla, em agosto, e na Capac Ynti Raymi, festa do senhor Sol, em dezembro. Os sacrifícios deviam ser regulados e autorizados pelo imperador, e os *tocricoc* (corregedores) e *michoc* (juízes) incas eram responsáveis por prestar contas da execução (Guamán Poma de Ayala, 1987).

Apesar de sua existência, é seguro dizer que os sacrifícios humanos não atingiram a mesma extensão e frequência que atingiram entre os astecas. Por outro lado, a antropofagia entre incas foi mais comum, embora não fosse aprovada oficialmente pelos imperadores. A antropofagia, que era um hábito de muitos dos povos conquistados pelos incas, nem sempre estava vinculada a aspectos filosóficos ou religiosos, como acontecia em algumas tribos da costa do Brasil e em outros lugares.

O hábito da antropofagia persistia de forma ampla, com distintos significados para os povos andinos que o praticavam. Conforme Salvador de Madariaga (1986 p. 384-385, tradução nossa), há

> [d]ados suficientes para provar a onipresença do canibalismo nas Índias antes da conquista. Umas vezes limitado a cerimônias religiosas, outras vezes revestido de religião para abarcar usos mais amplos, e outras vezes franco e aberto, sem relação necessária com sacrifício algum aos deuses, o costume de comer carne humana estava generalizado entre os naturais do Novo Mundo ao chegarem os espanhóis. Os próprios incas que, se damos crédito a Garcilaso, lutaram com denodo contra esse costume, encontraram-no em quase todas as campanhas empreendidas contra os povos indígenas que rodeavam o império de Cusco, e não conseguiram sempre arrancá-lo pela raiz, mesmo depois de ter conseguido impor sua autoridade sobre os novos súditos [...]. Sabemos por um dos observadores mais competentes e imparciais, além de indiófilo, dos costumes dos naturais, o jesuíta Blas Valera, que ainda próximo de fins do século XVI, "e fala de presente, porque entre aquelas gentes se usa hoje daquela inumanidade, os que vivem nos Andes comem carne humana, são mais ferozes que tigres, não têm deus nem lei, nem sabem que coisa é a virtude; tampouco têm ídolos nem semelhança deles; se aprisionam alguém na guerra, ou de qualquer outra forma, sabendo que seja homem plebeu e de baixa condição, partem-no em quatro, e dão as partes a seus amigos e criados para que as comam ou vendam no açougue; mas, se é homem nobre, juntam-se os mais principais com suas mulheres e filhos e, como ministros do diabo, o desvestem, e vivo lhe atam a uma vara, e com faca e navalhas de sílex lhe

cortam em pedaços, sem desmembrá-lo, mas tirando as carnes das partes onde há mais quantidade dela; das panturrilhas, músculos, nádegas e as partes mais moles dos braços, e com o sangue se aspergem os homens, as mulheres e os filhos, e todos comem a carne bem depressa, sem deixar cozinhar bem nem assar, nem ainda mascar; tragam a carne em pedaços, de modo que o pobre paciente se vê comido pelos outros e enterrado em seus ventres. As mulheres, mais cruéis que os homens, untam os mamilos de seus peitos com o sangue do desgraçado para que seus filhinhos o mamem e bebam no leite. Tudo isso fazem em lugar de sacrifício com grande regozijo e alegria, até que o homem acaba de morrer. Em seguida acabam de comer suas carnes com tudo que há dentro, já não à maneira de festa e de deleite como até então, mas como coisa de grandíssima divindade, porque daí adiante as consideram com suma veneração, e assim as comem como coisa sagrada. Se, no momento em que atormentavam ao triste, o supliciado tem algum sinal de sentimento com o rosto ou com o corpo, ou deu algum gemido ou suspiro, fazem pedaços de seus ossos depois de ter-lhe comido as carnes, entranhas e miúdos, e com desprezo os atiram no campo ou no rio; mas, se nos tormentos se mostrou forte, constante e feroz, tendo comido as carnes com todo o interior, secam os ossos com seus nervos ao sol, e os põem no alto dos morros, consideram-nos e adoram como deuses, e lhes oferecem sacrifícios".

Episódios próximos aos referidos por Madariaga são descritos pelo cronista Pedro Cieza de León em sua clássica *Crónica del Perú*, publicada no ano de 1537 (Cieza De León, 1984). Sobre o relato do mencionado cronista, que é uma das principais fontes sobre o Peru antigo, Millones Figueroa (2001, p. 113-114, tradução nossa), explica o seguinte:

> A respeito dos sacrifícios humanos, Cieza admite que estes ocorreram entre os incas, mas insiste em que foi algo marginal e esporádico, e não uma prática generalizada, como outros opinavam. [...] Dois aspectos mais são importantes para apontar a diferença entre os outros povos e os incas: canibalismo e homossexualidade. Dado que Cieza iniciou sua experiência americana na zona de Cartagena das Índias e se aventurou por muitos territórios, pôde conhecer diferentes povos entre os quais afirma que se praticava em alguns casos o canibalismo e/ou o "pecado nefando". O capítulo XXV da Segunda Parte [da Crónica del Perú] está especialmente dedicado a desmentir que tais práticas existissem entre os incas, e ainda mais, assegura que os incas as combateram entre eles e em todo o seu império.

Pedro Cieza de León esteve no norte do Tahuantinsuyu, na região de Cali e Antioquia, na atual Colômbia. Para Cieza de León (1984), os incas diferenciavam-se dos povos circundantes e conquistados por eles porque não admitiam a antropofagia e procuravam combater essa prática nos territórios submetidos a seu império.

2.1.7 Progresso material dos incas

Durante o império, os incas alcançaram alguns sucessos que os europeus modernos não conseguiram. Apesar do ambiente e do clima, chegaram a evitar, entre seus súditos, a fome e o frio (Baudin, 1955). Não faltam elogios aos incas nas crônicas castelhanas. O Padre Acosta (1954, p. 19, tradução nossa) diz que "fizeram os incas vantagem a todas as outras nações da América em polícia e governo" e que "melhor governo para os índios não pode haver, nem mais acertado (Acosta, 1954, p. 12, tradução nossa).

Poucas vezes chegou o Peru a sofrer carestia, apesar do solo pobre dos Andes, "enquanto a França de 1694 e de 1709 sofria ainda fomes cruéis" (Baudin, 1955, p. 357, tradução nossa). Além disso, os incas chegaram ao ponto de ter "suprimido a criminalidade e estabelecido, concomitantemente a uma ordenação perfeita, uma segurança absoluta" (Baudin, 1955, p. 358, tradução nossa).

Diz ainda o Padre Acosta (1954, p. 12, tradução nossa) que "sem dúvida, eram grandes a reverência e o afeto que esta gente tinha a seus incas [imperadores]". Por sua vez, Cieza de León (1985, p. 13, tradução nossa), que chegou ao Peru logo na sequência da conquista castelhana, esclarece que os incas eram admirados e amados pelos povos que conquistaram, pois "faziam boas obras aos que estavam postos sob seu senhorio, sem consentir que fossem injustiçados nem que fossem cobrados tributos demasiados".

(2.2)
A CONQUISTA CASTELHANA DO PERU

Apesar da imponência do império inca e da paz que aparentemente reinava em suas fronteiras, das boas relações com os povos conquistados, do poder firmemente estabelecido do imperador sobre os súditos, da hierarquia social, do exército bem treinado e de tudo mais que fez do império inca um dos maiores da terra – com extensão equivalente à metade da Europa –, esse império foi rapidamente derrubado por um capitão acompanhado de menos de duzentos soldados.

Efetivamente, Francisco Pizarro e seus cento e setenta soldados foram capazes de, em pouco tempo, conquistar todo o império inca. Isso se explica pela própria estrutura altamente hierarquizada do império e pela obediência efetiva dos súditos ao imperador de Cusco. Nas palavras do historiador Pedro Voltes Bou (1987, p. 68, tradução nossa), no "Peru antigo não se pensava em outra coisa que em obedecer, e, preso e morto Atahualpa, se continuou obedecendo a quem quer que fosse a mandar".

2.2.1 As duas primeiras expedições ao Peru

Nas primeiras décadas da presença castelhana na América, o Peru era, para os recém-chegados, uma terra mítica, ainda não descoberta. Os índios taínos e outros com os quais os castelhanos mantiveram contato, em primeiro lugar, falavam de um grande império dourado, mas os espanhóis não sabiam exatamente onde se encontrava esse reino. O Peru foi buscado por duas vias: pelo Panamá, ao norte, e pelo rio da Prata, ao sul. O conquistador Pascual de Andagoya partiu do Panamá no ano de 1522, mas não chegou ao Peru, detendo-se na costa da atual Colômbia, onde não obteve senão informações vagas sobre a proximidade do império inca (Iraburu, 2003).

Os dados que obteve Pascual de Andagoya levaram Francisco Pizarro a planejar a conquista do império inca. Nascido na Extremadura em 1475, Pizarro chegou às Índias, isto é, à América, em 1502, com o conquistador Nicolás de Ovando. Adquiriu grande experiência sob as ordens de outros conquistadores, como Alonso de Ojeda, Martín Fernández de Enciso, Vasco Núñez de Balboa e Pedro Arias Dávila, também conhecido como Pedrarias.

Figura 2.7 – Estátua de Francisco Pizarro (em Trujillo, na Espanha)

inacio pires/Shutterstock

Com a licença de Pedrarias, que ocupava o cargo de governador de Castilla de Oro – província que englobava territórios do norte da América do Sul e do Istmo Centro-Americano (ou Istmo do Panamá) –, Francisco Pizarro associou-se a Diego de Almagro e ao clérigo Hernando Luque para formar uma companhia cujo propósito era descobrir terras ao sul da província de Castilla de Oro, especialmente o mítico Peru e seu império.

A primeira expedição partiu do Panamá em 1524 e terminou no ano seguinte. Por sua vez, a segunda durou entre 1526 e 1528. Nessas primeiras expedições, apesar da escassez de meios e de conhecimento geográfico, os homens de Pizarro conseguiram aproximar-se do império inca e recolher informações mais detalhadas, entrando em contato com indígenas – que, posteriormente, levaram à Europa para apresentar ao Imperador Carlos I – e coletando amostras de ouro.

Em 1529, Carlos I estabeleceu uma capitulação que regulava a conquista do Peru, a ser tentada então por Pizarro, dessa vez com mais recursos. Para esse assalto ao império dos incas, Pizarro – então com a patente de governador – fez-se acompanhar de seus irmãos Hernando e Gonzalo e de seu meio-irmão Francisco Martín de Alcántara, com os quais voltou para o Panamá.

2.2.2 A TERCEIRA EXPEDIÇÃO DE FRANCISCO PIZARRO

A terceira expedição de Francisco Pizarro ao Peru foi a da conquista. Iniciou-se em 1531. O governador Pizarro, que contava então com cerca de 56 anos, partiu com 3 navios, 180 soldados e 37 cavalos, além de 3 frades, entre os quais Frei Vicente Valverde, que foi responsável pela conversão e pelo batismo do imperador Atahualpa e tornou-se o primeiro bispo de Cusco.

Do Panamá partiram auxílios à expedição definitiva de Pizarro. Depois de superar muitas dificuldades, o explorador e seus companheiros alcançaram a cidade de Tumbes, que, antes da dominação inca, era habitada por um grupo nativo conhecido como *tumpis*. Uma vez dominada pelos incas no século XV, sob o Imperador Pachacuti, Tumbes tornou-se um polo importante do Império. O imperador Huayna Cápac expandiu a cidade mandando construir estradas e palácios. Ao conquistar Tumbes, Pizarro demonstrou claramente a intenção de substituir o domínio inca pelo castelhano.

Depois de Tumbes, em seu caminho em direção a Cusco, Pizarro fundou o povoado de San Miguel, onde permaneceu por cinco meses. Desse ponto, próximo à capital do império, foi planejada a conquista final e mais importante. Nesse momento, encontrava-se o império inca em grave crise sucessória por conta da peleja entre dois irmãos, filhos do *Sapa Inca* Huayna Cápac.

Antes de falecer, em 1523, o Imperador Huayna Cápac aparentemente indicou como sucessor e herdeiro do império seu filho Túpac

Cusi Hualpa, filho de uma *coya*[3]. Túpac Cusi Hualpa adotou o nome de Huáscar como imperador (*sapa inca*).

Ao mesmo tempo, Huayna Cápac designou o filho Atahualpa – filho de uma ñusta quitenha, porém não da *coya* – como governador da marca setentrional. Com o apoio de chefes militares que defendiam sua causa, Atahualpa levantou-se contra o próprio irmão e logrou fazer-se reconhecer como *sapa inca*. Foi o último imperador inca antes da conquista castelhana.

Apesar da exiguidade das tropas de Pizarro, o conflito aberto entre os dois filhos de Huayna Cápac permitiu que, com relativa facilidade, o conquistador castelhano tomasse o poder no império inca. Atahualpa, que dominava Cusco naquele momento, não deu à chegada dos castelhanos a atenção que merecia, permitindo-lhes avançar sem detenção enquanto guerreava com os defensores de seu irmão Huáscar.

No dia 24 de setembro de 1532, Pizarro deixou San Miguel com apenas 62 cavaleiros e 106 soldados. No dia 6 de novembro, alcançou a localidade de Saña e, dois dias depois, recebeu uma embaixada de Atahualpa, que recentemente havia logrado aprisionar o irmão. Os castelhanos mantiveram, em seguida, sua marcha em direção a Cajamarca, próximo de onde estava instalado numeroso exército imperial (Marley, 1998).

2.2.3 A RENDIÇÃO DE ATAHUALPA

Chegaram os castelhanos a Pultumarca – a poucos quilômetros de Cajamarca – em 15 de novembro e, no dia seguinte, o próprio imperador foi visitar Pizarro em sua tenda. Aproveitando-se da situação, Pizarro tomou Atahualpa como refém e ordenou que as diminutas

---

3 *O termo coya designava a princesa (ñusta) inca que era a esposa principal do imperador.*

tropas castelhanas atacassem os mais de trinta mil servos do imperador que o acompanhavam. Em duas horas, os castelhanos derrotaram os incas (Marley, 1998).

Atahualpa rendeu-se a Pizarro, que passou imediatamente a governar o Peru em nome do imperador feito cativo. Dessa forma, não se alterou a ordem no império inca, e as forças militares incas obedeceram ao domínio castelhano por conta do governo conjunto de Pizarro e de Atahualpa. O Imperador rival Huáscar, prisioneiro em Cusco, foi mandado a Cajamarca, mas executado em Andamarca – localidade próxima de onde se encontravam Athaualpa e o conquistador – por guardas incas, provavelmente por ordens de seu irmão (Marley, 1998).

Conhecemos os detalhes do primeiro encontro entre Atahualpa e Pizarro porque alguns dos cronistas foram testemunhas presenciais, como Francisco de Xerez e Diego Trujillo (Iraburu, 2003). Consta que, ao chegar o imperador em sua liteira, acompanhado de numerosa corte, apresentou-se majestático diante do pequeno grupo de castelhanos. Antes de tomar atitude de enfrentamento, Pizarro quis verificar se Athaualpa estaria disposto a aceitar o cristianismo e a tornar-se vassalo do imperador Carlos V. Para o primeiro dos pedidos, solicitou que um frade dominicano conversasse com o imperador inca e tentasse convencer-lhe a converter à religião cristã.

Segundo a crônica de Francisco de Xerez (citado por Iraburu, 2003, p. 27, tradução nossa),

> com o língua [o intérprete], saiu a falar-lhe [a Atahualpa] frei Vicente de Valverde e procurou dar-lhe a entender o propósito com que vínhamos, e que por mandato do papa e de um filho seu, capitão da cristandade, que era o imperador nosso senhor. E falando com ele palavras do santo Evangelho, disse-lhe Atabalipa [isto é, Atahualpa]: "Quem diz isso?". E ele respondeu: "Deus o diz". E Atabalipa disse: "Como o diz Deus?". E frei Vicente lhe disse:

"Veja aqui escrito". E então lhe mostrou um breviário aberto, e Atabalipa mandou que lhe o entregasse, e o jogou depois que o viu, arremessando-o dali como a um disco de ferro, dizendo: "Eia, eia, não escape nenhum!".

Diante da atitude de Atahualpa, sentindo-se justificado por ela, Pizarro "entrou em meio aos índios e, com muito ânimo, com apenas quatro homens que lhe seguiram, chegou-se até à liteira onde [Atahualpa] estava, e sem temor tomou seu braço, dizendo: 'Santiago'. Em seguida, soltaram tiros e tocaram as trombetas, e saíram todos a pé e a cavalo" (Xerez, 1985, p. 112, tradução nossa). Passava Atahualpa à condição de cativo.

Continua Francisco de Xerez (1985, p. 112, tradução nossa): "em tudo isso não alçou o índio armas contra o espanhol porque foi grande o espanto que tiveram ao ver entrar o governador entre eles, e soltar de improviso a artilharia e entrar os cavalos a tropel, como era coisa que nunca tinham visto, e com grande perturbação procuravam mais fugir para salvar as vidas que fazer guerra". Dessa forma, em poucas horas, o império inca sujeitou-se à Coroa de Castela.

Rendido Atahualpa a Pizarro, como já foi dito, o funcionamento do império não se alterou em demasia. Os castelhanos esperavam que se pudesse passar no Peru o mesmo que no México, onde o Imperador Moctezuma II, uma vez rendido, reconhecera o domínio castelhano como uma **determinação divina**, e não resistira a partir de então. Nesse contexto, Atahualpa foi mantido sob vigia, "solto, sem prisão, mas com guardas que o velavam" (Xerez, 1985, p. 114, tradução nossa). O imperador continuou a exercer autoridade, e era por intermédio dele que Pizarro de fato passou a governar o Peru.

A corte de Atahualpa foi mantida com os familiares e servos do imperador. Também mandava o *sapa inca* em três exércitos, estacionados em Quito, Cusco e Jauja. Em algumas ocasiões, o imperador buscou sacudir o jugo castelhano ordenando a eliminação dos conquistadores, mas sem sucesso (Iraburu, 2003).

2.2.4 A EXECUÇÃO DE ATAHUALPA

A conquista do Peru, apesar de rápida, não se fizera com o mesmo sucesso que a do México, nem se consolidara efetivamente. Ademais, "os castelhanos estavam, na verdade, sitiados em Cajamarca, e para eles a situação era realmente de vida ou morte. Os ultimamente chegados [do Chile] com [Diego de] Almagro, advogavam pela supressão sumária do monarca índio, aduzindo para tal sua traição" (Ballesteros Grabois, 1985, p. 117, tradução nossa).

A chegada de Diego de Almagro e seus companheiros, que vinham do Chile sem lograr a conquista definitiva – que só seria alcançada por Pedro de Valdivia em 1541, ao fundar a cidade de Santiago – perturbou o comando dos castelhanos instalados em Cajamarca. O conquistador Almagro disputava abertamente poder com os irmãos Pizarro.

Sobre o destino de Atahualpa, abriu-se querela que foi resolvida mediante votação entre os espanhóis:

> *350 votos contra 50 decidem a morte de Atahualpa, e Pizarro cede [...].*
> *A execução se produz em 24 de junho de 1533, e Carlos I, em carta de*
> *1534, reprova amargamente Pizarro, sobretudo porque o inca não fora*
> *morto em guerra, mas em juízo: "A morte de Atahualpa, por ser senhor,*
> *me desgostou especialmente sendo por justiça".* (Iraburu, 2003, p. 137,
> tradução nossa)

A execução de Atahualpa, lamentada publicamente pelo rei, **carecia de legalidade** diante dos critérios jurídicos castelhanos. Apesar da alegação de que o imperador inca teria traído os votos de lealdade expressos após sua captura, a atitude de Atahualpa – ao ordenar posteriormente a sublevação de seus exércitos contra os novos conquistadores – foi interpretada, por parte dos castelhanos, como resistência e legítima defesa diante de uma agressão que ele considerava injusta. Portanto, a suposta traição não justificava a pena de morte.

Diante do direito castelhano – que reconhecia o direito natural e o então chamado direito das gentes, próximo ao conceito moderno de direito internacional –, "o processo carecia de legalidade, e só as poderosas razões da guerra e do espírito de conservação levaram à execução de um réu que realmente não o era" (Ballesteros Grabois, 1985, p. 117, tradução nossa). Entre os argumentos que os assassinos de Atahualpa utilizaram diante dos juízes castelhanos para justificar a pena implementada, estava o de que Atahualpa não era verdadeiro soberano, mas um tirano usurpador, pois havia mandado matar o irmão mais velho, Huáscar, que seria o legítimo imperador (Tarver, 2016).

Figura 2.8 – Representação do funeral de Atahualpa (publicada pelo jornal francês *L'illustration* em 1868)

Flávio L. Alencar

Apesar dos abusos acontecidos desde o começo da conquista castelhana – entre os quais a execução de Atahualpa –, deve-se notar que os conquistadores dos primeiros séculos – durante os reinados de Fernando e Isabel e dos reis da dinastia de Habsburgo – notabilizaram-se por justificar suas atitudes com base em **critérios jurídicos** e **morais**, uma atitude que contrastava com o processo colonizador de outras nações, como dos ingleses e holandeses. Tal se vê, de forma exemplar, no longo debate jurídico e teológico sobre os "justos títulos" do domínio castelhano sobre a América (Manzano, 1942).

(2.3)
Consolidação conflituosa do poder castelhano nos domínios incas

Após a execução de Atahualpa, para que não viesse abaixo completamente a organização imperial erigida pelos incas, os conquistadores castelhanos decidiram nomear um *sapa inca* que substituísse o imperador desaparecido. Inicialmente, foi coroado Túpac Hualpa, que era um dos numerosos filhos do Imperador Huayna Cápac, pai também de Huáscar e de Atahualpa. Túpac Hualpa recebeu a *mascapaicha* – coroa dos incas – e adotou o nome de Toparpa, e fez-se vassalo de Carlos I da Espanha, mas faleceu apenas três meses depois de sua coroação.

Para substituir o Imperador Toparpa, foi escolhido Manco Inca Yupanqui, também filho de Huayna Cápac. Manco Inca, que tomara o nome de Manco Cápac II, havia apoiado os espanhóis contra Atahualpa. Seu reinado foi breve, mas tumultuoso: participou da conquista final de Cusco, com Pizarro; foi solenemente coroado; prestou vassalagem a Carlos I, mas posteriormente rebelou-se contra os espanhóis; e organizou um Estado inca independente no interior, construindo, na selva amazônica, sua capital, a cidade de Vilcabamba.

2.3.1 Disputa entre Manco Cápac II e Quisquis

Quando Manco Cápac II foi designado imperador, em novembro de 1533, os castelhanos e seus aliados indígenas ainda não haviam assegurado o domínio de Cusco, cujo controle era disputado pelos partidários de Atahualpa e pelos de Huáscar, apesar de ambos os pretendentes imperais já haverem falecido.

Os partidários de Atahualpa eram chefiados pelos generais Quisquis, Rumiñahui e Chalcuchímac, aliados seus desde a época em que, sediado em Quito, governava o norte do império e guerreava contra o próprio irmão, instalado em Cusco. A memória de Huáscar, por outro lado, fora apropriada pelos castelhanos e por príncipes incas aliados.

A guerra de Francisco Pizarro e Manco Cápac II contra Quisquis terminou apenas em 1535. Percebendo-se controlado em demasia pelos espanhóis, o imperador inca decidiu deixar Cusco em mais de uma ocasião, sendo detido por Juan e Gonzalo Pizarro, que permaneciam na antiga capital imperial enquanto seu irmão Francisco já estava em Lima, fundada com o nome de Cidade dos Reis em janeiro de 1535 (Marley, 1998).

2.3.2 A revolta de Manco Cápac II

Finalmente, em janeiro de 1536, Manco Cápac II conseguiu deixar Cusco com a ajuda de Hernando Pizarro, que voltara da Espanha com a recomendação de tratar o imperador inca com a deferência que sua autoridade merecia e impedir abusos contra ele. Manco Cápac II não retornou a Cusco e, em abril, iniciou uma grande revolta, determinado a expulsar os castelhanos.

Naquele momento, entre os espanhóis continuava o conflito entre Francisco Pizarro e Diego de Almagro. Esse conflito era aberto, e o ponto central da disputa era o controle da cidade de Cusco. Ao criar a governação de Nova Toledo em 1534 – cujo território fora dado a Diego de Almagro –, o Rei Carlos I determinou que o limite relativo à governação de Nova Castela – cujo titular era Francisco Pizarro – passaria pela cidade de Cusco, o que gerou, por parte de Almagro, a pretensão de que a cidade imperial estaria dentro de seu território. O conflito armado só terminaria em 1538, com a retomada de Cusco por Hernando Pizarro, que aprisionou Almagro e mandou-lhe decapitar no dia 8 de julho (Marley, 1998).

Os anos de 1536 e 1537 foram de intensa guerra entre os castelhanos e os incas seguidores de Manco Cápac II. Entre os castelhanos, tanto os partidários de Pizarro quanto os de Almagro buscavam o prestígio de derrotar o *sapa inca* rebelde. Depois da vitória do imperador na batalha de Ollantaytambo, em agosto de 1536, os espanhóis de ambos os bandos receberam sucessivos reforços, e a posição de Manco Cápac II encontra-se crescentemente fragilizada (Marley, 1998).

2.3.3 Formação do reino inca de Vilcabamba

Diante da iminente derrota, Manco Cápac II abandonou sua sede em Ollantaytambo em julho de 1537 para o interior do Peru, em Vitcos, e finalmente estabeleceu, em 1539, um estado rebelde na remota cidade amazônica de Vilcabamba. Falecendo Manco Cápac II em 1544, foi sucedido pelo filho Sayri Túpac. Foi o segundo dos chamados *incas de Vilcabamba*, mas, após anos de vacilações, decidiu abrir negociações com os espanhóis, o que criou indisposição com a nobreza inca de Vilcabamba.

Em 1549, Sayri Túpac havia já aceitado o convite do vice-rei Pedro de la Gasca para deixar Vilcabamba e assentar-se perto de Cusco com propriedades, rendas e privilégios – concedendo-lhe perdão da acusação de sublevação contra o rei da Espanha. No entanto, voltou atrás em sua decisão.

Em 1560, finalmente, aceitou o convite do vice-rei Antonio Hurtado de Mendoza para viajar a Lima. Em sua partida, dispôs que seus irmãos Titu Cusi e Túpac Amaru permanecessem em Vilcabamba como seus lugares-tenentes (Gruzinski; Bernand, 2006).

2.3.4 O Inca Sayri Túpac

Em Lima, Sayri Túpac foi recebido com demonstrações de honra e apreço, integrando-se à sociedade espanhola. Abriu mão formalmente da pretensão ao título de imperador e recebeu, em troca, um senhorio hereditário – em forma de *encomienda* – sediado do vale de Yucay, onde construiu um palácio, além do título de príncipe, e outras propriedades e rendas que lhe permitiram iniciar uma casa nobiliárquica dentro do sistema hispânico.

O príncipe Sayri Túpac não retornou a seu reino na Amazônia. Apesar de sua resistência anterior a admitir missionários católicos em Vilcabamba, considerou-se "vencido pelas divindades dos espanhóis. Por isso, logo pediu o batismo. Escolheu o nome de Diego – outra variante de Santiago – porque seu pai, Manco, e seus capitães tinham-lhe contado muitas vezes a intervenção miraculosa de São Tiago, o protetor dos espanhóis, quando do cerco de Cusco" (Gruzinski; Bernand, 2006, p. 63).

De Lima, Sayri Túpac foi a Cusco, onde peregrinou visitando "a catedral, as igrejas de La Merced, San Francisco e Santo Domingo, e foi às ruínas de Sacsahuamán, onde as múmias de seus ancestrais tinham sido depositadas. Depois se retirou para sua *encomienda* de Yucay" (Gruzinski; Bernand, 2006, p. 63).

Figura 2.9 – Vista das ruínas incas de Sacsahuamán, em Cusco

Após sua morte, sua filha Beatriz Clara Coya herdou o senhorio de Yucay e casou-se com Martín García de Loyola, jovem nobre que posteriormente foi nomeado governador do Chile. A filha desse casal, Ana Maria de Loyola Coya, herdou o título de senhora do Vale de Yucay e, ademais, tornou-se a primeira marquesa de Santiago de Oropesa. Esse foi o primeiro título de nobreza concedido no Peru e o único senhorio territorial hereditário, tipo de domínio direto equivalente ao dos feudos europeus (Hemming, 2000).

2.3.5 O Inca Titu Cusi

Após a saída de Sayri Túpac, foi feito inca de Vilcabamba seu irmão Titu Cusi Yupanqui. Os espanhóis ofereceram a ele também que deixasse o reino em troca de integrar-se à nobreza castelhana, recebendo títulos, terras e rendas. Titu Cusi não deixou Vilcabamba, mas se mostrou interessado em ouvir sobre a religião dos espanhóis. A partir de 1565 escreveu aos missionários franciscanos e mercedários solicitando-lhes que dois deles pregassem no território. Em 1567, passou também a corresponder-se pessoalmente com o prior dos agostinianos, que lhe fora indicado como o mais prestigioso dos eclesiásticos de Cusco (Hemming, 2000).

Em 1566, Titu Cusi celebrou com os espanhóis o tratado de Acobamba. Dessa forma, encerravam-se as hostilidades entre os castelhanos e os incas de Vilcabamba. As ofensas eram mutuamente perdoadas, tendo sido reconhecido o título de inca para Titu Cusi e seus descendentes. Em 1568, o inca pediu o batismo ao prior agostiniano Juan de Vivero, com quem se correspondia, desde o ano anterior, sobre matérias de religião.

Após uma quinzena de catequese pessoal, Titu Cusi foi batizado e passou a utilizar o nome de Diego de Castro Titu Cusi Yupanqui, tomando como padrinho o governador Lope García de Castro, vice-rei interino do Peru. Uma de suas mulheres, Angelina Polan-Quilaco, foi também batizada. O prior agostiniano permaneceu por mais uma semana junto ao inca de Vilcabamba, retornando em seguida a Cusco. (Hemming, 2000).

O Inca Titu Cusi redigiu uma longa crônica, dirigida ao Rei Filipe II de Castela, contando a história da conquista do Peru e dando sua versão dos fatos. Reveste-se esse documento de especial importância, pois é o único registro da história feito por um membro da família imperial inca, mesmo que não devam ser desprezados numerosos relatos da conquista produzidos por filhos e esposos de mulheres incas – como Garcilaso de la Vega, Felipe Guamán Poma de Ayala e Juan de Betanzos –, e também por sacerdotes que chegaram a conhecer perfeitamente o quéchua – a língua dos incas – e eram mais simpáticos aos indígenas que aos espanhóis em seus registros, como é o caso do Frei Martín de Murúa (Hemming, 2000).

Apesar das boas relações com os espanhóis, Titu Cusi nunca deixou o reino de Vilcabamba. Falharam suas tentativas de casar o filho Quispe Titu – batizado um ano antes de seu pai, com o nome de Filipe – com a herdeira de Sayri Túpac (Gruzinski; Bernand, 2006): como já destacamos, dona Beatriz Clara casou-se com o capitão Martín García de Loyola, que se tornou governador do Chile, e não com seu primo (Filipe Quispe Titu). Se houvesse prosperado seu intento, surgiria a possibilidade de firmar em sua descendência a legitimidade dinástica do império inca. Contudo, falecendo em 1571, quem recebeu a *mascapaicha* foi seu irmão Túpac Amaru, e, novamente, não seu filho Quispe Titu.

2.3.6 Em Cusco, o Inca Cristóbal Paullu Inca

Quando, em 1536, Manco Cápac II deixou Cusco, a cidade e o império ficaram sem seu inca titular, que passou a ser um rebelde em luta contra o poder castelhano. No ano seguinte, considerando que a situação não se tinha revertido, foi coroado imperador em Cusco, no lugar do rebelde Manco Cápac II, seu irmão Cristóbal Paullu Inca – cujo nome ao nascer era Huascar Túpac Paullu Inca.

Paullu Inca reinou pacificamente, com o apoio dos castelhanos, de 1537 a 1549, quando faleceu. Foi por conta do falecimento de Paullu Inca que, em 1549, Sayri Túpac – inca de Vilcabamba – desfez o acordo pelo qual deixaria seu reino e se instalaria perto de Cusco, com renda e títulos compensatórios. Paullu Inca, amigo dos espanhóis, era de toda forma a garantia da continuidade do poder imperial – mesmo que apenas titular e nominal – e sua ausência fazia com que a permanência em Vilcabamba se tornasse uma necessidade para a preservação dos incas.

2.3.7 O Inca Túpac Amaru

Quando o Inca Titu Cusi faleceu, recrudesceu entre os indígenas de Vilcabamba o sentimento antiespanhol. A primeira vítima foi o agostiniano Frei Diego de Ortiz, reconhecido como "protomártir do Peru" (López, 1989, p. 117). Em seguida, sem que os castelhanos estivessem a par do falecimento do inca e na vigência da paz entre os espanhóis e Vilcabamba, acordada em 1566, foram enviados emissários para continuar as tratativas entre os dois poderes. Um cidadão de Cusco, Atilano de Anaya, o último desses embaixadores, foi capturado e executado pelo general inca Curi Paucar (Hemming, 2000).

Diante da execução de seu embaixador, o novo vice-rei Francisco Álvarez de Toledo justificou a declaração de guerra justa, uma vez que fora violado o princípio do "direito das gentes" que garantia a inviolabilidade dos emissários diplomáticos. A guerra foi decretada em 14 de abril de 1572. As tropas dos espanhóis e dos indígenas aliados foi comandada pelo capitão Martín García Óñez de Loyola, cunhado do Inca Sayri Túpac. Em poucos meses, os espanhóis conquistaram a cidade e o palácio de Vitcos, bem como diversas fortalezas incas (*pukara*), e chegaram à capital, Vilcabamba, da qual tomaram posse solenemente no dia 24 de junho.

O Inca Túpac Amaru havia fugido de Vilcabamba na véspera, com parte guerreiros e sua família, divididos em distintos grupos, para dentro da floresta amazônica. O capitão Martín de Loyola, acompanhado de quarenta soldados, adentrou também a floresta em busca do inca de Vilcabamba. Finalmente, com a ajuda de índios que haviam desertado da aliança com Vilcabamba, Martín de Loyola e seus companheiros puderam encontrar o esconderijo de Túpac Amaru e sua mulher, levando-os cativos até Cusco (Hemming, 2000).

2.3.8 Julgamento e execução do último inca

Com a captura de Túpac Amaru em 1572, completou-se, finalmente, a conquista do Peru. Levado a Cusco, para onde também se deslocou o vice-rei Francisco de Toledo, houve grande festa para receber o inca rebelde capturado, que chegou à cidade vestindo as insígnias imperiais incas. Diante da derrota, Túpac Amaru pediu em Cusco o batismo, que lhe foi conferido após alguns dias de catequese, recebendo o nome cristão de Pedro. Especulam-se as razões de sua conversão: é possível que, conforme a mentalidade inca, fosse o reconhecimento da superioridade da religião dos espanhóis que o haviam vencido, mas pode ser também uma estratégia que buscasse, não especialmente a salvação de sua alma, mas a conservação de sua vida, integrando-se à ordem espanhola e recebendo perdão por sua rebeldia (Hemming, 2000).

> *Os espanhóis que estavam na cidade [de Cusco], eclesiásticos e leigos [...] nunca imaginaram que a sentença seria executada. De todo modo, um grupo de clérigos apressadamente organizou um apelo para que se suspendesse a execução da pena ou se concedesse um perdão total. Segundo o jesuíta Antonio de Vega, "o reitor pe. Luis López e o pe. Alonso de Barzana estavam certos e satisfeitos da inocência do inca Túpac Amaru. Fizeram todo o possível para evitar que fosse decapitado. Informaram o vice-rei sobre a verdade, apresentaram-lhe testemunhas positivas da inocência do inca e imploraram-lhe de joelhos e com lágrimas em muitas ocasiões. Vendo que não estavam logrando nada, persuadiram os prelados das ordens religiosas e outros eclesiásticos célebres a fazer o mesmo". Baltasar de Ocampo e Reginaldo de Lizárraga listaram os seguintes superiores religiosos: Gonzalo de Mendoza, provincial da Ordem de Nossa Senhora das Mercês; pe. Francisco Corroí, prior de Santo Agostinho nesta cidade; pe. Gabriel de Oviedo, prior de Santo Domingo; pe. Francisco Vélez,*

guardião de São Francisco; pe. Gerónimo de Villa Carrillo, provincial de São Francisco; pe. Gonzalo Ballastero, vigário provincial da Ordem das Mercês; e o padre Luis López, reitor da Companhia de Jesus, todos foram ao vice-rei. Prostaram-se de joelhos diante do vice-rei e imploraram que mostrasse misericórdia e poupasse a vida do inca. O mais importante pedido de misericórdia veio do padre Agustín de la Coruña, bispo de Popayán, no sul da Colômbia e um dos mais respeitados eclesiásticos de sua época. Coruña foi um dos primeiros doze frades agostinianos a entrar no México e lutou com denodo por um melhor tratamento para os nativos americanos. Viajou para o sul para ser conselheiro eclesiástico de Toledo em sua visitação. Antonio de Vega descreveu-o como "um homem perfeito, considerado por todos como sendo santo". O bispo Coruña e os outros eclesiásticos "todos imploravam ao vice-rei de joelhos, com muita emoção, lágrimas e fervor" para poupar o inca, "pois era inocente e não deveria morrer a morte que estava planejada para ele. Deveria ser enviado para a Espanha para Sua Majestade. Mas o vice-rei recusou-se resolutamente e fechou a porta para apelos e súplicas neste caso". (Hemming, 2000, p. 550-551, tradução nossa)

O fato é que o batismo não poupou Túpac Amaru da pena capital, decidida após um processo judicial bastante breve, que causou imediato furor na população de Cusco pela injustiça que implementou. Foi ignorada pelo vice-rei a insistência dos clérigos em enviar Túpac Amaru para que fosse julgado na Espanha, e não no Peru, com as garantias judiciais e a possibilidade de pedir a misericórdia do Rei Filipe II. Francisco de Toledo estava determinado a executar Túpac Amaru, repetindo a execução ilegítima de Atahualpa – em circunstâncias que, ademais, não se podiam comparar ao ambiente de ameaça constante vivido por Francisco Pizarro quarenta anos antes (Hemming, 2000).

2.3.9 Continuidade da realeza e da nobreza incas

Em 1542, havia sido formalmente criado o vice-reino do Peru e, após a morte de Paullu Inca, não foram mais nomeados imperadores em Cusco. Por outro lado, desde 1545, passou a existir na antiga capital imperial o cargo de *alférez real de los incas*, destinado a perpetuar a nobreza inca e a memória do império. Ademais, o titular do *alferazgo* era eleito por uma nova instituição, o *Cabildo de Indios Nobles*, composto por 24 eleitores que escolhiam o *alférez real*. Entre os privilégios do *alférez real de los incas*, estava o direito de portar a *mascapaicha* e o estandarte real em festas públicas, como as solenidades de Corpus Christi e do Apóstolo São Tiago. (Bradley; Cahill, 2000).

No cabido dos incas estavam representados os nobres das doze *panacas*, casas nobiliárquicas formadas por descendentes dos antigos imperadores. Uma vez que a sucessão do império não era feita de pai para filho, cada *sapa inca* era o fundador de uma *panaca*, composta por seus descendentes. À semelhança do que ocorreu entre os mexicas no império asteca, a descendência dos imperadores era a base da nobreza. No Peru, o contato dos nobres incas com o direito nobiliárquico espanhol deu ocasião à adaptação de suas antigas instituições. Por exemplo, quando os jesuítas fundaram o Colégio de São Francisco de Borja para a educação de "índios nobres e caciques", de certa maneira deram continuidade ao que já acontecia antes da conquista no *Yachay Huasi* (Bradley; Cahill, 2000), instituição em que os adolescentes do sexo masculino da nobreza inca estudavam a língua quéchua, os princípios da religião solar inca, manejo e interpretação dos *quipus* – incluindo o estudo da matemática – e a história militar do império.

As instituições dos incas nobres, como o cabildo e o cargo de *alférez real*, resistiram até a independência do Peru, na segunda metade do século XIX. Criadas pelos Habsburgo, essas instituições revelavam a mentalidade própria desses monarcas, cujo modo de governo privilegiava as representações simbólicas de **estima** e **prestígio**. Após a queda dos Habsburgo e a subida ao trono da dinastia dos Bourbon, no século XVIII, a mentalidade econômica e prática desse período levou a considerar as instituições da nobreza inca como um anacronismo. Nesse contexto, os incas nobres levantaram-se, juntamente aos *criollos* – filhos de espanhóis nascidos na América, contra a nova dinastia e em defesa de suas tradições. Momento exemplar desse movimento foi a revolta de Túpac Amaru II, chefiada em 1780 por José Gabriel Condorcanqui, índio descendente de Túpac Amaru (Garret, 2003) – ver Capítulo 5.

Síntese

- O império inca, conhecido como Tahuantinsuyu, desenvolveu-se nos Andes com a expansão do reino (curacado) de Cusco no século XV.
- A produção econômica dos incas dependia da *mita*, tributo pago em forma de trabalho ao chefe da comunidade local (curaca) e ao chefe do império (*sapa inca*).
- A expedição vitoriosa da conquista do Peru tinha como comandante o conquistador Francisco Pizarro e teve início em 1531, quando dois filhos de Huayna Cápac, Atahualpa e Huáscar, disputavam o controle do império.
- Em 1533, foi executado o Inca Atahualpa por decisão dos conquistadores – a execução foi condenada pelo rei da Espanha e por missionários, carecendo de legalidade diante dos critérios jurídicos castelhanos.

- Manco Cápac II, inca nomeado por Pizarro, organizou um reino inca independente em Vilcabamba, que só foi derrotado em 1572 quando o Inca Túpac Amaru foi aprisionado e, posteriormente, executado em Cusco pelo vice-rei Francisco de Toledo.

Atividades de autoavaliação

1. O primeiro imperador do Tahuantinsuyu foi:
   a) Huayna Cápac.
   b) Cuauhtémoc.
   c) Charlemagne.
   d) Pachacuti.
   e) Atahualpa.

2. Na base da estrutura social dos incas estavam os escravos, conhecidos como:
   a) *yanacunas*.
   b) *adelantados*.
   c) *orejones*.
   d) *ñustas*.
   e) *coyas*.

3. Francisco Pizarro e seus irmãos sofreram oposição e disputaram poder sobre Cusco com o seguinte conquistador:
   a) Cristóbal Colón.
   b) Pedro Álvares Cabral.
   c) Hernán Cortés.
   d) Diego de Almagro.
   e) Vasco Núñez de Balboa.

4. A ordem religiosa que não participou da primeira evangelização do Peru foi a dos:
   a) franciscanos.
   b) mercedários.
   c) agostinianos.
   d) jesuítas.
   e) salesianos.

5. O filho e sucessor de Manco Cápac II como inca de Vilcabamba foi:
   a) Paullu Inca.
   b) Sayri Túpac.
   c) Pedro de la Gasca.
   d) Atahualpa II.
   e) Hernando Pizarro.

Atividades de aprendizagem

Questões para reflexão

1. O regicídio do Inca Atahualpa foi motivo de longa controvérsia entre os espanhóis e mereceu repreensão do Imperador Carlos I da Espanha e V do Sacro Império. Se você fosse um dos conquistadores castelhanos no Peru, como se teria posicionado quando, pelo voto, a maioria de seus colegas tivesse decidido executar o imperador inca? Que argumentos usaria contra a execução ou a favor dela?

2. Sabemos que Francisco Pizarro conseguiu dominar o Peru em tempo relativamente breve porque havia, no momento, uma disputa entre dois pretendentes ao trono dos incas, Atahualpa

e Huáscar. Em sua opinião, em que medida a divisão interna dentro de uma nação favorece que outras a dominem não apenas no campo militar, mas também no campo cultural?

Atividade aplicada: prática

1. A religião inca tinha sua base na adoração do sol. Após a conversão do Peru à religião cristã, o sol deixou de ser um elemento religioso, mas continuou como símbolo nacional e de poder. Hoje, na América do Sul, as bandeiras de dois países reproduzem o sol inca. Quais são esses países e por que eles adotaram essa representação?

Capítulo 3
A conquista e a colonização
da América

Neste terceiro capítulo, analisaremos os primeiros passos da conquista e da consolidação dos europeus no continente americano. Inicialmente, trataremos da situação de Castela no momento dos descobrimentos, que sucedem à Reconquista e dela herdam o ideal de cruzada, bem como da significação dos primeiros encontros entre europeus e indígenas, que revelam possibilidades de conflito e de integração.

Evidenciaremos especialmente as instituições políticas, sociais e econômicas do governo castelhano das Índias nos primeiros séculos de existência, correspondentes aos reinados de Fernando e Isabel e dos Habsburgo, os quais, no século XVIII, foram substituídos pela dinastia francesa de Bourbon. Durante esses dois primeiros séculos de presença castelhana na América, a monarquia hispânica atingiu o auge, incorporando também – entre 1581 e 1640 – a Coroa de Portugal e, consequentemente, o Brasil.

Três fases dividem, em linhas gerais, a administração da América castelhana nesse período. A primeira fase corresponde ao governo pessoal de Cristóvão Colombo como almirante, vice-rei e governador. A segunda fase se caracteriza pelo predomínio das capitulações com diferentes conquistadores. A terceira fase é da consolidação das instituições régias na América, com o estabelecimento dos vice-reinos.

(3.1)
IMAGINÁRIO E SENTIDO DA CONQUISTA E DA COLONIZAÇÃO DA AMÉRICA

A colonização europeia da América caracterizou-se pela povoação do continente americano por um novo tipo de habitante, vindo da Europa. Diversas nações europeias participaram desse processo de colonização, mas, de modo particular, devem ser notados os castelhanos, os portugueses e os ingleses. Além do contingente populacional, as diferentes nações europeias trouxeram para a América as próprias instituições políticas e sociais.

O governo e a administração, a interpenetração cultural e as relações entre Europa e América variaram consideravelmente a depender da nação europeia colonizadora. O padrão de **colonização inglesa**, desenvolvido principalmente na América do Norte – mas não apenas lá – era, tal como o dos holandeses, de privatizar a exploração dos territórios conquistados sem vincular as terras descobertas e seus habitantes à estrutura política e à cidadania da metrópole. Por sua vez, **castelhanos** e **portugueses** integraram os territórios conquistados na América como partes constitutivas de suas monarquias, fazendo dos chefes locais seus vassalos e raramente concedendo terras a companhias de comércio.

Desde a chegada de Hernán Cortés ao México, a máxima da conquista castelhana da América foi a povoação. Povoar era o meio necessário para conhecer e conquistar efetivamente e, também, para facilitar a conversão dos indígenas. No intuito de atender tanto ao objetivo temporal quanto ao objetivo sobrenatural da conquista, era necessário estar presente junto ao povo e junto à terra. De todos os conquistadores europeus no Novo Mundo, os castelhanos foram os que mais marcaram presença no cotidiano das terras conquistadas (Elliott, 1990).

Para Cortés, o México era uma civilização nova que importava conhecer. Em seus escritos, o conquistador dá conta da impressão de grandeza que sentiu, conforme relata Tzvetan Todorov (1991, p. 151):

> *As cidades dos mexicanos, pensa Cortez, são tão civilizadas quanto as dos espanhóis [...]. Na verdade, as comparações sempre favorecem o México, e é impossível não ficar impressionado com sua precisão, mesmo que se leve em conta o empenho de Cortez em louvar os méritos do país que oferece*

a seu imperador. "*Os espanhóis [...] falaram especialmente de um acampamento entrincheirado com fortaleza, que era maior, mais resistente e melhor construído que o castelo de Burgos*". "*Isto lembra o mercado de sedas de Granada, com a diferença de que tudo aqui é em maior quantidade*". "*A torre principal é mais alta do que a torre da catedral de Sevilha*". "*O mercado de Tenoxtitlán é uma grande praça toda cercada de pórticos e maior que a de Salamanca*".

De toda forma, a mera intenção de conhecer, permanecer, povoar as terras conquistadas não bastava. Não foi sem lutas que os castelhanos se impuseram na América. A influência castelhana na América cresceu e permaneceu por meio de confrontos abertos, bem como mediante compromissos e de entendimentos com os antigos habitantes do continente. Esses compromissos se faziam tanto com os grandes impérios quanto com tribos isoladas, sempre que houvesse possibilidade.

3.1.1 Memória e continuação da Reconquista

Para compreender a mentalidade do conquistador castelhano na América, é necessário ter em conta que a descoberta e a conquista da América ocorreram, em grande parte, como uma continuação do movimento da Reconquista. Por oito séculos, os reinos cristãos ibéricos guerrearam, e negociaram também, com os conquistadores muçulmanos que ocupavam a Península. O lento e constante processo da Reconquista teve sua completude com a vitória sobre a taifa de Granada, em 1492, mesmo ano em que Cristóvão Colombo chegava à América com o declarado objetivo de expandir a fé e o império (Elliott, 1990).

A fronteira cultural e geográfica que separava cristãos e muçulmanos durante a Idade Média passava pela Espanha. Ali se estava decidindo os limites da cristandade na Europa e na África. O complexo cultural mediterrâneo, que inclui não só as penínsulas Ibérica e Itálica, na Europa, como também o Norte da África, havia sido o ambiente cultural de grandes teólogos dos primeiros séculos do cristianismo, como Santo Agostinho. Essa região foi, em grande parte, conquistada pelos árabes, que, dessa forma, expandiram a religião entre eles criada no século VII. Do Mediterrâneo cristão não sobrava muito mais do que a Itália quando os árabes lograram ocupar quase inteiramente a Espanha.

A Reconquista, como recuperação do Mediterrâneo cristão, não chegou a passar o Gibraltar. Alguns pontos do Marrocos, algumas ilhas, chegaram a ser retomados dos muçulmanos, mas não foi muito além daí a Reconquista na África. Ainda no século XVI, desapareceu o rei de Portugal, Dom Sebastião, em batalha contra os muçulmanos, buscando a volta dos cristãos para a África. No horizonte de toda essa guerra, e de toda a reconquista, repousava o espírito de cruzada. Tratava-se, em última instância, de recobrar o domínio cristão da Terra Santa. Essa mesma mentalidade foi transportada para a América com a intenção de fundar novas terras cristãs (Elliott, 1990).

Ao longo de tantos séculos investidos no esforço da Reconquista, o espírito militar e religioso se incrustou de forma marcante na atitude política espanhola. A Reconquista significou uma **nova ordem** na Península Ibérica. À medida que os dominadores árabes eram expulsos, novos espaços de poder se abriam. Os reinos cristãos e as ordens militares ocupavam esses espaços. Militares, comerciantes e agricultores eram profundamente afetados e assumiam novas funções na reorganização da Península, nas cidades em que eram estabelecidas, na nova estrutura política e administrativa que surgia da Reconquista.

A experiência de fundar novas cidades e estruturas políticas e administrativas, a prática de estabelecer espaços de poder e outorgá-los e o dinamismo que desse processo resulta foram bastante utilizados pelos castelhanos ao chegar ao novo continente. Igualmente significativa é a faceta das mobilidades pessoais, tanto no território quanto na estrutura social e política. A guerra promove novas oportunidades, novas nobrezas são reconhecidas, lugares sociais são mudados, riquezas são tomadas e redistribuídas, e assim foi na Reconquista ibérica e na conquista americana.

Na sociedade castelhana medieval, a aventura era um ideal acalentado. A vida militar dava azo ao desejo de ganhar honras e grandezas, que era visto então como um ideal elevado de vida, permeado de disposição para o heroísmo e o sacrifício. Uma vez demonstrado o valor próprio, o heroísmo, este devia ser reconhecido publicamente por meio de títulos de nobreza e favores do soberano. Ao participar tanto da Reconquista ibérica quanto da conquista da América, os que não eram fidalgos de nascimento ganhavam dessa forma a nobreza que não lhes tinha sido dada ao nascer (Elliott, 1990).

Pode-se dizer que a conquista da América foi a continuação e o extravasamento do movimento de reconquista da Península Ibérica. Nesse momento, a Península já estava unificada sob Castela, unida a Aragão pelo casamento dos reis Isabel e Fernando, excluindo Portugal, que logrou afirmar-se como reino independente. De toda forma, dentro da monarquia dos reis católicos, a unidade do poder político não criou uma uniformidade de identidades e nacionalidades, de forma que, tanto nas leis e nos costumes quanto na cultura, as diferenças não se apagaram.

Entre os reinos ibéricos, o de Castela – herdeiro, por via de Leão, do primitivo reino das Astúrias, enclave cristão no norte da Península no período do ápice da dominação muçulmana – tomou a dianteira do processo da Reconquista, e foram os castelhanos que chegaram à América. Os aragoneses também buscaram novos territórios de influência e chegaram à Sicília, à Sardenha, ao norte da África e ao leste do Mediterrâneo. Como os castelhanos, os portugueses dirigiram-se à África e às ilhas do Atlântico (Elliott, 1990).

3.1.2 Encontros, conflitos e interpenetração cultural

O primeiro contato dos europeus com o Novo Mundo aconteceu nas ilhas do Caribe. Naquele momento, Colombo pensava ter chegado ao Oriente. Desde então, a expansão da presença e do conhecimento dos europeus sobre a América foi-lhes permitindo compreender a variação entre os territórios e povos do Novo Mundo.

Esse processo foi paulatino e permeado de idas e vindas. Frequentemente, os mais interessados em compreender a estrutura social e religiosa dos nativos foram os missionários. No Brasil e no Canadá, de forma especial, os jesuítas foram os primeiros etnógrafos, os quais registraram os hábitos e costumes dos povos americanos. Embora a intenção deles fosse missionária e apenas secundariamente científica, o trabalho meticuloso de descrição que fizeram das estruturas políticas e sociais, da história oral e da memória social, dos hábitos e costumes das populações indígenas é, até hoje, fonte fundamental para o conhecimento da história e da cultura dos povos americanos originários.

De acordo com os pressupostos do realismo filosófico adotado oficialmente pela Companhia de Jesus, a natureza humana é, em seus fundamentos, igual em todos os homens. Portanto, todos os homens têm as mesmas tendências e necessidades básicas. Essas tendências e necessidades, que refletem a natureza humana comum, são expressas em diferentes formas de cultura, influenciadas por história e geografia distintas. Conhecendo essas variações culturais, a linguagem e a estrutura social, os jesuítas poderiam mais eficazmente comunicar a mensagem do Evangelho, destinada a toda a humanidade.

Os constantes conflitos entre missionários e colonizadores não impediram que o conhecimento produzido por eles fosse também utilizado na conquista. Após o primeiro choque cultural, e apesar da violência da conquista militar, desenvolveram-se formas de integração entre castelhanos e incas e astecas, frequentemente pelo reconhecimento público das dignidades políticas pré-colombianas e pelo casamento entre filhas de nativos ilustres com oficiais castelhanos.

No México, os descendentes do imperador Moctezuma II receberam títulos de nobreza castelhanos. Um destes foi o condado de Moctezuma, criado em 1627 pelo Rei Filipe IV para Pedro Tesifón de Moctezuma, bisneto do poderoso imperador. O título subsiste atualmente, na nobreza espanhola, como ducado de Moctezuma de Tultengo (González Acosta, 2001). No Peru, uma das dignidades estabelecidas foi o marquesado de Santiago de Oropesa, também subsistente até nossos dias, criado em 1614 pelo Rei Filipe III em benefício princesa inca Ana Maria Coya de Loyola.

A **colonização** – isto é, a ocupação e povoação de um território – nas terras conquistadas por Castela começou antes que naquelas descobertas por Portugal. Quando o genovês Cristóvão Colombo, sob bandeira castelhana, encontrou novas terras a ocidente, imediatamente deu início à colonização desses territórios, diferentemente do que praticaram os portugueses, que, tendo descoberto o Brasil no ano de 1500, apenas trinta anos depois começaram a efetiva ocupação e povoação da costa brasileira.

No caso castelhano, os primeiros documentos sobre a administração das terras a serem descobertas já estavam preparados antes mesmo do fato da descoberta. Por meio de capitulações – acordos que os monarcas hispânicos faziam com os navegadores para estabelecer direitos e deveres de ambas as partes –, os reis católicos Fernando e Isabel concederam previamente a Cristóvão Colombo uma série de privilégios extraordinários, uma vez que, como descobridor, corria riscos maiores do que os que lhe viessem a suceder (Lobo, 1962).

3.1.3 O testamento de Isabel, A Católica

O testamento da Rainha Isabel e o codicilo que lhe foi agregado são dois dos documentos mais importantes do princípio da história da América. O testamento foi ditado no dia 12 de outubro de 1504, mas não há motivos para acreditar que sua data tenha sido escolhida por ser aniversário do descobrimento do novo continente, cuja relevância não estava ainda plenamente estabelecida. De todo modo, ali e no codicilo – redigido um dia antes de seu falecimento – a rainha deixou registrados seus últimos pensamentos e desejos para os habitantes do Novo Mundo, entre disposições diversas. No dia 26 de novembro, pouco mais de um mês depois de concluir seu testamento, falecia a rainha que patrocinara a descoberta da América.

Deve-se ter em conta que o testamento régio tinha força de lei. Entre outros aspectos, definia a sucessão do testador e continha suas últimas disposições legislativas. Sobre isso, afirma o historiador espanhol Luis Suárez Fernández (1992, p. 81, tradução e grifo nossos):

> Convém que expliquemos com clareza o que é significa um testamento real em fins do século XV, quando se desenha, nas monarquias europeias, a primeira forma de Estado. Quem o dita e firma não o faz na qualidade de pessoa privada, mas com o "poder real absoluto" que lhe pertence. A palavra **absoluto** pode induzir a erro: não quer dizer que seja arbitrário, mas que não depende de outro superior, isto é, que não é "relativo". Quando o rei faz disposições utilizando esse "poderio" está exercendo sua potestade[1] legislativa. O testamento é lei, e lei fundamental. Fique entendido que a invocação a Deus – "em nome de Deus etc." – também indica a existência de um limite, e muito claro, ao exercício da mencionada

---

1 Trata-se de termo jurídico, do latim potestas, que significa poder, soberania, autoridade.

potestade: nenhum mandato é legítimo quando contradiz a lei moral de que a Igreja tem a custódia.

Para uma católica sincera como a Rainha Isabel, o testamento era também a ocasião de um profundo exame de consciência. Consciente de que se encontrava perto "'daquele terrível dia do juízo', 'mais terrível para os poderosos' que para as pessoas simples" (Rainha Isabel citada por Suárez Fernández, 1992, p. 81, tradução nossa), a rainha fazia um exame geral de sua existência, reconhecendo o que lhe pareceram acertos e erros e determinando retificações.

Quanto à sucessão, Isabel determinou que ela recaísse sobre a filha Joana, mesmo sabendo da doença mental desta. Fê-lo por não confiar no marido de Joana, Filipe de Habsburgo, que, dessa forma, tornou-se apenas rei consorte. Isabel temia que Filipe, uma vez assumido o governo, desprezasse os espanhóis aliando-se à França ou entregando o governo aos súditos borgonheses dos Habsburgo. Por isso, determinou, ainda, que os ofícios e os cargos públicos no reino de Castela e Leão só pudessem ser exercidos por naturais de seus territórios. Especialmente, "o 'trato e proveito' das Ilhas, Terra Firme do mar Oceano e Canárias, se reserva como monopólio aos 'reinos de Castela e Leão'" (Suárez Fernández, 1992, p. 83, tradução nossa). Os naturais da Coroa de Aragão, contudo, não ficaram excluídos, uma vez que, desde 1478, estava reconhecida sua equiparação em direitos aos castelhanos.

Quando os reis católicos Isabel e Fernando se casaram, em 1469, isso não significou a junção automática das coroas de Castela e de Aragão. Os reinos e os respectivos mandos continuaram distintos: governava Isabel seu reino de Castela e de Leão, e Fernando governava seu reino de Aragão: cada qual se tornou rei e rainha consortes das terras do outro, mas não mais que isso. De toda forma, no testamento,

Isabel determinou que, "ainda que Granada, as Ilhas, Terra Firme e Canárias fossem, por bula legítima, entregues a Castela, tendo em conta os 'tão grandes e assinalados serviços' que Fernando prestara em sua aquisição, fosse reconhecida ao rei de Aragão metade destas rendas" (Suárez Fernández, 1992, p. 83, tradução nossa).

É de se notar que, em 1504, pouco se conhecia da extensão da América. A rainha trata a América como "Ilhas e Terra Firme", que é a região então conhecida, que Colombo desbravara, englobando o norte da Colômbia e da Venezuela, partes do istmo da América Central e ilhas do Caribe. A rainha também enquadrava esses territórios em uma sequência de conquistas em que se incluem também Granada – último enclave dominado pelos muçulmanos no sul da Espanha – e as ilhas Canárias.

No dia 23 de novembro de 1504, um dia antes de morrer, a rainha redigiu um codicilo – documento que expressa as últimas disposições de quem está prestes a falecer e que pode complementar o testamento – em que tratou especialmente dos habitantes da "Ilhas e Terra Firme", aos quais reconheceu a condição de súditos e, consequentemente, a proteção jurídica de sua vida, propriedade e liberdade (Suárez Fernández, 1992). Nesse codicilo, a rainha (citada por Iraburu, 2003, p. 14, tradução nossa) determina o seguinte:

> *De acordo com meus constantes desejos, e reconhecidos nas bulas que para este efeito se deram, de ensinar, doutrinar nos bons costumes e instruir na fé católica os povos das ilhas e terras firmes do mar Oceano, mando à princesa, minha filha, e ao príncipe, seu marido, que assim o façam e cumpram, e que esse seja seu principal fim, e que nisso ponham muita diligência, e não consintam nem deem lugar que os índios, cidadãos e moradores das mencionadas Índias e terra firme, já descobertas e a descobrir, recebam agravo algum em suas pessoas e bens, mas mandem*

que sejam bem e justamente tratados. E, se alguma ofensa receberem, o remedeiem e provejam.

O testamento da rainha Isabel e o respectivo codicilo representam de forma significativa a mentalidade e as justificativas da conquista e da colonização da América castelhana. Redigidos ainda nos primeiros anos depois da descoberta da América, marcaram um direcionamento que não poucas vezes foi desrespeitado, mas que, simbolicamente, permitiu que, frente a abusos e injustiças, missionários e juristas se levantassem em denúncia e condenação.

(3.2)
Cristóvão Colombo, almirante e vice-rei

Cristóvão Colombo foi o primeiro europeu a chegar ao chamado **Novo Mundo** de maneira pública, oficial e estável. Sabemos que, antes de Colombo, outros europeus já haviam estado no continente americano, como os escandinavos, em cujas sagas relatam terem alcançado o que hoje é a Groenlândia e a América do Norte, no século XI. A presença desses navegadores, no entanto, era esporádica e não se perpetuou, pois não se estabeleceram na terra.

O intuito declarado de Colombo não era o de descobrir novos continentes, mas de chegar ao Oriente navegando em direção ao oeste, provando, assim, que o planeta é esférico. Durante a Idade Média, o Oriente era considerado a fonte da civilização e da cultura. Do Oriente vieram a religião cristã e a filosofia grega, e os europeus ocidentais estavam seguros de que, se lograssem alcançar as terras orientais ainda mais distantes – a Índia, a China, o Japão –, encontrariam tesouros de sabedoria e também luxo e riquezas materiais desconhecidos na Europa ocidental.

Colombo, ao chegar à América, estava convencido de que chegara ao Oriente, tendo morrido, em 20 de maio de 1506, ainda convencido de que tinha alcançado esse objetivo. Desse erro de avaliação de Colombo derivou a denominação de *Índias* para as terras descobertas e de índios para seus habitantes. Nos textos oficiais espanhóis, a América foi normalmente designada como Índias, até o momento das independências.

3.2.1 Origens e formação de Colombo

Diversas cidades italianas proclamam ser o berço de Cristóvão Colombo: Nervi, Savona, Piacenza, Cuccaro, Quinto, Cogoletto, Bugiasco e Gênova. Geralmente, aceita-se que ele tenha sido genovês. Também não é seguro dizer qual é a data de seu nascimento. Afirma-se comumente ter sido no ano de 1436. Seus pais, de extração social simples, chamavam-se Domingos e Susana. Cristóvão teve três irmãos e uma irmã, dos quais dois, Bartolomeu e Diego, ficaram famosos por acompanhar o irmão primogênito (Serrano y Sanz, 1905).

Consta que, desde jovem, Cristóvão Colombo participava de atividades marítimas. Por volta do ano de 1460, chegou a comandar uma galera em expedição a Túnis, sob a bandeira de Renato de Anjou, rei de Nápoles. Colombo não chegou a cursar estudos universitários. Esteve na Península Ibérica pela primeira vez em 1476 e logo se estabeleceu em Portugal, onde se casou com Filipa Moniz Perestrelo, filha de Bartolomeu Perestrelo, capitão donatário da ilha de Porto Santo, no arquipélago da Madeira.

Uma vez casado, Colombo chegou a residir na Madeira por algum tempo. Continuando as navegações, chegou ao norte até a Islândia em 1477 e, ao sul, até a Guiné. A experiência de tantas viagens e os estudos de cosmografia lhe fizeram conceber a ideia de chegar às Índias pelo ocidente, circunavegando a esfera terrestre.

Para Colombo, seria mais fácil e rápido chegar às Índias por esse caminho que pela África. Como se pode perceber facilmente, tinha ele uma ideia equivocada sobre as dimensões do planeta Terra, que supunha muito menor do que é de fato. De toda forma, em 1484, dirigiu-se ao Rei Dom João II de Portugal, que encaminhou a questão a uma junta de cosmógrafos, os quais rejeitaram o plano de Colombo.

Rechaçado por Portugal, dirigiu-se Cristóvão Colombo a Castela. Antes de se apresentar aos reis católicos, recorreu ao Frei Antônio de Marchena, franciscano do famoso convento de La Rábida. Entusiasmado com o plano de Colombo, tornou-se um valioso protetor. O navegador estabeleceu-se, então, em Sevilha e passou a trabalhar com os irmãos Antônio e Alexandre Geraldini, tutores dos filhos dos reis. Finalmente, em 1486, graças ao favor do poderoso duque de Medinaceli, Colombo foi apresentado a Suas Majestades em Córdoba.

O primeiro encontro com os reis católicos não teve os resultados que esperava o navegador, uma vez que o parecer da corte foi que os projetos eram irrealizáveis. Entretanto, Colombo permaneceu perto da corte e fazia incessante propaganda de seu plano. Com o passar dos anos, demonstrando desânimo, por fim, decidiu deixar Castela.

3.2.2 Colombo e os reis católicos

Condoído da situação de Cristóvão Colombo, o cosmógrafo Frei Juan Pérez, franciscano, fez novo apelo à Rainha Dona Isabel para que recebesse o navegador. Dessa forma, Colombo foi convocado a apresentar seu projeto novamente e, apesar de algumas dificuldades vencidas, foram assinadas as capitulações de 17 de abril de 1492. A rainha demonstrou generosidade para com Colombo. O projeto era arriscado, mas, se obtivesse sucesso, Colombo, oriundo de família modesta, tornar-se-ia um dos maiores potentados da nobreza castelhana.

Em 17 de abril de 1492, foram assinadas as capitulações de Santa Fé, seguidas do privilégio de 30 de abril de 1492, dado em Granada. Por esses documentos, Cristóvão Colombo recebeu os títulos hereditários de almirante, vice-rei e governador. Posteriormente, o privilégio de 30 de abril foi confirmado em 28 de maio de 1493, em Barcelona, e novamente em Burgos, em 23 de abril de 1497. As capitulações de Santa Fé foram confirmadas também em 23 de abril de 1497, em Burgos. O conjunto desses documentos estabeleceu os privilégios concedidos pelos reis católicos a Cristóvão Colombo e seus herdeiros (Arranz Márquez, 1992).

Pelos títulos hereditários de almirante, vice-rei e governador, Cristóvão Colombo passou a ter extensos poderes executivos, legislativos e judiciários, além dos benefícios materiais e participação nos eventuais lucros dos descobrimentos. Dos títulos recebidos, o de almirante era o mais prestigioso no momento da partida. Não era certo que se encontrassem ilhas e terras para governar, porém o domínio sobre o mar, decorrente do cargo de almirante, era incontestável. A remuneração do novo "almirante do Mar Oceano", também conhecido como "almirante das Índias", foi fixada como equivalente à do já existente cargo de almirante de Castela, criado pelo Rei Fernando III, o Santo, no ano de 1247 (Lobo, 1962).

Voltando Colombo de sua primeira viagem, foram mais bem delimitadas as jurisdições do almirante de Castela e do almirante do Mar Oceano. Para isso contribuiu a bula pontifícia de 3 de maio de 1493, pela qual o Papa Alexandre VI, atuando como árbitro entre portugueses e castelhanos, fixou os limites geográficos do domínio marítimo de cada parte. Essa bula foi substituída, no ano seguinte, pelo Tratado de Tordesilhas, firmado entre as duas potências. No vasto domínio marítimo castelhano, o almirante das Índias acumulava a jurisdição civil e criminal no mar, portos, ilhas e costas (Lobo, 1962).

3.2.3 A descoberta das Índias

Do cais de Palos, na Andaluzia, partiu Cristóvão Colombo com uma nau e duas caravelas – Santa Maria, Pinta e Niña, respectivamente. Após três meses no oceano Atlântico, chegou, no dia 12 de outubro de 1492, à ilha Guanahani, à qual deu o nome de São Salvador. Essa ilha pertence atualmente às Bahamas. Alcançou também as ilhas de Cuba e de Hispaniola, onde hoje está o Haiti.

Figura 3.1 – Representação da chegada de Colombo à América (ilha de São Salvador), cromolitografia da pintura de Dioscoro Puebla, 1892

Everett Historical/Shutterstock

As Grandes Antilhas, aonde foram os castelhanos em primeiro lugar, eram habitadas pelos tainos, grupo pertencente à família dos aruaques, os quais, provenientes da parte setentrional da América do Sul, haviam tomado posse das Antilhas. Os tainos foram expulsos das Pequenas Antilhas pelos índios caribes, que os espanhóis denominaram de *canibais*.

Os relatos de Colombo registram a ótima impressão que lhe causaram os tainos, bem como a antipatia que desenvolveu pelos caribes. O navegador diz dos primeiros que "são gente de amor e sem codícia... No mundo não creio que haja melhor gente nem melhor terra: eles amam a seus próximos como a si mesmos, e sua fala é a mais doce do mundo, e mansa, e sempre com risos" (citado por Konetzke, 1972, p. 8, tradução nossa).

Por outro lado, os caribes foram caracterizados como guerreiros cruéis, que atormentavam os tainos, saqueando suas ilhas, matando os homens e violentando as mulheres. Os tainos viviam da agricultura primitiva, preparavam tecidos de algodão, fabricavam adornos de ouro e esculpiam em pedra e madeira. O receio constante dos caribes facilitou aos tainos acolher castelhanos como protetores (Konetzke, 1972).

Em 1493, durante a segunda viagem, Colombo alcançou outras ilhas do Caribe. Na terceira viagem, de 1498, chegou ao continente pela primeira vez. Chegando à costa venezuelana, aí também os castelhanos estabeleceram distinção entre indígenas pacíficos aruaques, que habitavam a região próxima à cordilheira, e indígenas caribes belicosos, ribeirinhos. Apesar da ferocidade dos caribes, todos os caciques que se levantaram contra os castelhanos foram vencidos. Colombo considerava que essas populações menos desenvolvidas poderiam ajudá-lo a encontrar as grandes civilizações asiáticas, que estariam no interior do continente, depois das cordilheiras.

Em sua quarta e última viagem, que aconteceu de 1502 a 1504, Colombo desembarcou em Honduras. Pensava que, dessa vez, não estaria longe de alcançar o império de Genghis Khan. Na realidade, as populações que Colombo então encontrou eram de cultura maia. Foram os primeiros vestígios de grande civilização que os castelhanos encontraram na América (Konetzke, 1972).

Após a primeira chegada em 1492, outros navegadores castelhanos, portugueses e de outras nacionalidades puseram-se ao mar para conhecer e explorar o território descoberto por Colombo. Em 1497, Giovanni Caboto, ou John Cabot, chegou à América do Norte: era um genovês, naturalizado veneziano, a serviço da Inglaterra. Descobriu o Labrador, no Canadá. Em outra viagem, percorreu o litoral da Terra Nova até a Flórida.

Os castelhanos, depois de Santo Domingo – ou Hispaniola, onde hoje estão o Haiti e a República Dominicana –, Porto Rico e outras ilhas, passaram a desbravar o que hoje é a costa colombiana e panamenha. Entre esses navegadores estavam Diego de Nicuesa e Alonso de Ojeda, bem como Martín Fernández de Enciso e Vasco Núñez de Balboa, que fundaram a cidade de Santa Maria la Antigua em 1510.

Juan Ponce de León, depois de conquistar Porto Rico, dirigiu-se à Flórida. Balboa foi o primeiro a alcançar o Pacífico, ao ser informado pelos indígenas da existência de um grande mar além das montanhas. A costa do Pacífico passou a ser explorada na direção da Nicarágua por navegadores como Gil González Dávila e Andrés Niño.

Em 1499, Alonso de Ojeda, acompanhado de Juan de la Cosa e Américo Vespúcio, partiram da Espanha e alcançaram a atual Guiana. O navegador português Pedro Álvares Cabral chegou ao atual Brasil no ano de 1500. Vicente Yáñez Pinzón chegou à América do Sul também em 1500, à costa brasileira, ainda antes de Cabral, e alcançou a foz do rio Amazonas, de onde partiu para as Antilhas. Longa polêmica foi sustentada[2], posteriormente, sobre se o verdadeiro descobridor do Brasil foi Vicente Pinzón ou Pedro Álvares Cabral.

(3.3)
O REGIME DAS CAPITULAÇÕES

No início da conquista e do povoamento da América pelos castelhanos, o próprio descobridor foi sua primeira autoridade. Cristóvão Colombo, na qualidade de vice-rei das Índias, trouxe, na segunda de suas viagens, o primeiro contingente de colonizadores para as Antilhas. Os sucessores de Colombo recebiam o cargo de governadores das terras que conquistassem, dentro de limites previamente determinados em contratos chamados *capitulações*, nos quais os reis e os conquistadores acertavam os direitos e as obrigações envolvidos na conquista da América.

As capitulações regulavam todos os aspectos principais de governo de terras a descobrir: as cidades e fortalezas a fundar, as populações a trazer, até títulos, honrarias e rendas a que o conquistador faria direito. Era comum que os governadores dos territórios a serem descobertos fossem nomeados *adelantados*, que remetia ao título dado a chefes militares medievais durante a Reconquista, isto é, o processo de retomada de territórios da Península Ibérica dominados por muçulmanos. Outros recebiam títulos de capitães gerais, quando o território a ser governado se constituísse em uma capitania geral.

Conforme Eulália Maria Lahmeyer Lobo (1962, p. 109), "Castela adotou medidas, restringindo as concessões feitas nas capitulações e

---

[2] Sobre a disputa historiográfica a esse respeito, vale a pena ler, do grande historiador brasileiro Capistrano de Abreu, o livro Descobrimento do Brasil e povoamento, publicação editada pelo Centro de Documentação do Pensamento Brasileiro (Abreu, 2020).

convertendo-as em contratos temporários", diferentemente do que havido sido feito primeiramente com Cristóvão Colombo, cujo poder de tipo senhorial limitava a soberania do rei nas terras descobertas. "As capitulações eram uma contingência a que os reis se submetiam provisoriamente, mas ao lado destes contratos procuravam estabelecer um governo central na metrópole e nas colônias a fim de controlar os conquistadores" (Lobo, 1962, p. 109), frequentemente acusados de escravizar indígenas e de outros abusos proibidos pelos reis de Castela.

3.3.1 Casa de Contratação e Conselho das Índias

Para acompanhar o trabalho dos conquistadores, foi criada, em 1503, a Casa de Contratação, em Sevilha. A Casa de Contratação era também responsável por todo o abastecimento das Índias – isto é, da América – que partisse da Espanha e, em geral, por todo o comércio que se fizesse entre as duas margens do Atlântico partindo de possessões da Monarquia hispânica. A Casa de Contratação intervinha também nas capitulações. Conforme Lobo (1962, p. 109), "a Coroa procurou limitar concessões aos que pudessem materialmente explorá-las e a título provisório. Não incorreu novamente no erro de acumular nas mãos de um conquistador títulos como os de almirante, vice-rei, governador e *'capitán general'*".

O Conselho das Índias também participava intimamente do trabalho dos conquistadores, atuando como órgão supremo para as questões relativas à América. Desde 1503 funcionava como uma seção do Conselho de Castela – uma vez que as Índias eram consideradas parte da Coroa de Castela, assim como outros territórios fora da Península eram parte da Coroa de Aragão. A partir de 1524, tornou-se órgão autônomo. Era necessário um órgão próprio para as questões americanas. "As chamadas Índias, por mais que os monarcas as quisessem considerar como território integrante da nação, constituíam um todo à parte, necessitando de governo separado senão na própria América, o que seria o ideal, ao menos na metrópole" (Lobo, 1962, p. 158).

Sobre o assunto, ainda menciona Eulália Lahmeyer Lobo (1962, p. 110);

> *Carlos I da Espanha, mais conhecido como Carlos V, imperador da Alemanha, sentiu a necessidade de dar forma definitiva e completa ao governo de suas colônias [...]. A evolução natural levava a monarquia a criar uma organização de governo central para as colônias paralela à da metrópole [...]. Em 1524 a Junta de Índias foi substituída pelo Conselho Real e Supremo das Índias. Na época, o Conselho contava com um número bem maior de membros: quatro ou cinco conselheiros, um presidente (o primeiro foi o confessor do rei, Frei Garcia de Loaisa), um fiscal, um relator, dois secretários, um chanceler, um substituto de chanceler, um oficial maior, outro de contas, um porteiro, escrivães. Outros cargos foram gradativamente acrescentados: o de advogado e procurador dos pobres (1536), o de solicitador fiscal e o de representante em Roma, para tratar de assuntos do Patronato Régio (1539) etc.*

O Conselho das Índias "devia em primeiro lugar proteger os nativos. Propunha ao rei as pessoas para os cargos civis e eclesiásticos ou para receber mercês, privilégios, benefícios" (Lobo, 1962, p. 110). Funcionava como órgão administrativo, legislativo e consultivo, e também como tribunal e centro de estudos para tudo que se referisse a seu território de especialidade. No regime polissinodal hispânico, o Conselho das Índias representava os olhos e os ouvidos do rei para os territórios americanos de sua monarquia. As atribuições dele incluíam assuntos econômicos, militares, religiosos etc., abarcando desde a nomeação de funcionários até a manutenção das missões católicas.

3.3.2 Escravidão, *encomiendas* e as leis novas de 1542

Durante o governo senhorial de Colombo, inciou-se na América a prática de distribuir indígenas dos territórios conquistados para trabalhar para os colonos, o que foi proibido pela Rainha Isabel, A Católica. Essa prática, que ficou conhecida em geral como *repartimiento*, assemelhava-se tanto com a escravidão praticada na África e na Europa quanto com a *mita* e outras formas de trabalho servil presentes entre os povos originários americanos. A *mita*, como salientamos no Capítulo 2, era o trabalho que os indígenas súditos do império inca deviam a seus chefes locais e ao imperador de Cusco. Uma vez conquistado o Peru, a *mita* não foi completamente abolida, confundindo-se com o *repartimiento*, apesar da proibição de Isabel, A Católica.

A questão do trabalho dos conquistados não se resolveu facilmente, continuando os abusos contra a liberdade dos indígenas. Para tratar do assunto, foram promulgadas as chamadas *Leis de Burgos* (*Ordenanzas para el tratamiento de los indios*, de 1512), e em seguida as *Leis de Valladolid* (que estabeleceram o *requerimiento indiano* em 1513), além das *Ordenanças de Granada*, que, embora tenham reafirmado a proibição da escravidão, permitiram que os colonos tomassem os indígenas como servos se se encarregassem de sua instrução e catequização. Esse sistema recebeu o nome de **encomienda**, e seus beneficiários, de *encomenderos* (Vianna, 1952).

Conforme a definição do jurista Juan de Solórzano Pereira, em sua obra clássica *Política indiana*, de 1647, a *encomienda* era

> *um direito concedido por mercê real aos beneméritos das Índias [descobridores, conquistadores e povoadores], para arrecadar e receber para si próprios os tributos dos indígenas que lhes fossem encomendados, por sua vida e pela de seu herdeiro, de acordo com a lei de sucessão, com o cargo*

de cuidar do bem dos índios no espiritual e no temporal e de habitar e defender as províncias em que forem encomendados, prestando juramento especial para o cumprimento desta homenagem. (Pereira citado por Vianna, 1952, p. 63 e por Iraburu, 2003, p. 16)

O historiador mexicano Alvear Acevedo (1986, p. 161, tradução nossa) define a *encomienda* como um "grupo de famílias de índios que viviam em seus lugares de costume, que dispunham da propriedade de suas terras e que contavam com a autoridade de seus próprios caciques, submetidas ao governo de um espanhol. Os índios eram os *encomendados*. O espanhol era o *encomendero*". Nem sempre, porém, o *encomendero* era um espanhol: no Peru, por exemplo, antigos incas foram *encomenderos*. De toda forma, um deles era sempre designado pela coroa castelhana.

O sistema de *encomienda* tinha antecedentes no direito romano, nas leis castelhanas medievais e em alguns costumes indígenas, como a *mita* incaica. Com a instituição da *encomienda*, pretendia-se fazer parar a escravização ilegal, mas, em pouco tempo, verificaram-se diversos abusos. Os conflitos entre sacerdotes e colonos só faziam aumentar. Diversos sacerdotes se puseram contra toda a instituição da *encomienda*, entre eles o dominicano Frei Bartolomeu de las Casas.

O ponto fundamental da *encomienda* era proibir a escravização dos nativos e ao mesmo dar satisfação à necessidade de mão de obra reclamada pelos colonos, exigindo deles que, ao menos, se encarregassem da missão evangelizadora que era a justificativa da conquista e da colonização da América por Castela. Dessa forma, a *encomienda* parecia contemplar todos os interesses: preservava formalmente a liberdade e a propriedade dos indígenas, tal como a Rainha Isabel mandara em seu testamento; promovia o anúncio do Evangelho aos índios, condição imposta pelas bulas pontifícias para justificar a colonização da América; e dava aos colonos o serviço que demandavam.

Diante dos diversos abusos cometidos sob a guarida da *encomienda*, o Rei Carlos I decidiu, em certo momento, aboli-la, por meio das chamadas *Leis Novas*, editadas em 1542. No ano anterior, às muitas denúncias de abusos que se avolumavam diante do rei juntaram-se as de quatro dominicanos procedentes do México, do Peru e de Cartagena: os padres Juan de Torres, Martín de Paz, Pedro de Angulo e Bartolomeu de las Casas.

> *O imperador, que estava disposto a suspender sua ação na América se se demonstrasse que não tinha títulos legítimos para ela, convocou uma junta extraordinária do Conselho das Índias, e, sob o influxo de Las Casas, promulgaram-se as famosas Leyes Nuevas (1542), um corpo legal de normas claras: "de nenhuma maneira se façam escravos os índios", mas sejam tratados como vassalos da Coroa; "de agora em diante nenhum vice-rei, governador etc., poderá mais encomendar índios por nova provisão, mas, morrendo a pessoa que tenha os mencionados índios, sejam eles postos em nossa real Coroa".* (Iraburu, 2003, p. 22, tradução nossa)

As Leis Novas de 1542 provocaram imediata reação na América. Em toda parte, os colonos organizaram protestos e, em alguns casos, revoltas. No Peru, Gonzalo Pizarro, outro irmão do conquistador Francisco Pizarro, rebelou-se contra as Leis Novas, aplicadas pelo primeiro vice-rei do Peru, Blasco Núñez Vela, contra o qual iniciou uma guerra que culminou na execução do vice-rei na batalha de Añaquito, em 1546.

Em razão das convulsões jurídicas e políticas produzidas como reação às leis novas – sobretudo pela extinção das *encomiendas* –, o Imperador Carlos resolveu voltar atrás e suavizar ou suspender as suas disposições. Não só os funcionários da coroa, mas também grande parte dos missionários, manifestaram seu juízo de que, sem a *encomienda*, era praticamente impossível a continuidade da presença castelhana na América.

O que os missionários – de forma especial os franciscanos – recomendaram é que se mantivesse a *encomienda*, proscrevendo terminantemente a escravidão e buscando que os abusos fossem punidos severamente. Por isso, "quando as Leyes Nuevas de 1542, sob a influência de Las Casas, quiseram terminar com [a *encomienda*], os superiores das três Ordens missionárias principais, franciscanos, dominicanos e agostinianos, intercederam ante Carlos I para que não se aplicasse tal norma" (Iraburu, 2003, p. 16, tradução nossa).

Explica Elliott (1973, p. 74-75, tradução nossa):

Para uma Coroa que deseja consolidar e assegurar seu próprio controle sobre os territórios recém-adquiridos, a disseminação da escravidão e do sistema de encomienda constituía um sério perigo. Desde o início, Fernando e Isabel tinham-se mostrado determinados a impedir o desenvolvimento no Novo Mundo das tendências feudais que por tanto tempo haviam prejudicado, em Castela, o poder da Coroa. Reservaram para si todas as terras ocupadas por indígenas, com a intenção de evitar a repetição dos acontecimentos do primeiro período da Reconquista, quando as terras abandonadas foram ocupadas pela iniciativa privada sem títulos legais. Ao fazer a distribuição das terras, tiveram o cuidado de limitar a extensão concedida a cada indivíduo, a fim de evitar a acumulação, no Novo Mundo, de extensas propriedades segundo o modelo andaluz [...]. O desenvolvimento do sistema de encomiendas, no entanto, poderia perfeitamente frustrar os planos da Coroa. Havia afinidades naturais entre a encomienda e o feudo, e se corria o perigo de que os encomenderos chegassem a tornar-se uma poderosa casta hereditária. Durante os primeiros anos da conquista, a Corte se viu inundada com pedidos de criação de senhorios indianos e de perpetuação das encomiendas nas famílias dos primeiros encomenderos. Com notável habilidade, o Governo conseguiu deixar de lado esses pedidos e atrasar decisões que os colonos esperavam ansiosamente. Devido a isso as encomiendas nunca se tornaram hereditárias de uma maneira formal, e seu valor foi constantemente reduzido pela imposição de novos encargos fiscais sempre que uma encomienda se tornava vacante. Além disso, quanto mais encomiendas revertiam à Coroa, mais decrescia o número de encomenderos, e eles foram perdendo importância como classe à medida que o século XVI avançava.

Não eram apenas motivos humanitários que levavam a coroa a buscar suprimir a *encomienda*. Razões de soberania também se faziam presentes, pois essa instituição muito se assemelhava aos feudos e, concretamente, na América, em mais de uma ocasião deu origem a senhorios autônomos. Tal como buscaram evitar capitulações perpétuas, os reis não queriam tolerar que surgisse na América uma nova aristocracia senhorial que pudesse ameaçar a soberania real.

3.3.3 Senhorios colombinos

Deve-se destacar que houve, na América, senhorios estabelecidos pela coroa. Como já estudamos, os senhorios eram, à semelhança dos feudos, territórios diretamente administrados por seus senhores, que deviam lealdade apenas ao rei, e cujo governo era passado hereditariamente. Dessa forma, os senhorios territoriais tornavam-se exceções ao poder dos vice-reis e dos funcionários régios.

O neto de Cristóvão Colombo, almirante Luís Colombo, recebeu em 1537 o senhorio de grande porção de terra na América Central, a qual se erigiu em ducado de Veragua, bem como o senhorio da ilha da Jamaica, constituída em marquesado. Esses títulos nobiliárquicos, uma vez que estavam unidos ao senhorio, equivaliam aos antigos e primeiros títulos nobiliárquicos medievais, unidos ao efetivo domínio e governo da terra, sob a suserania do rei, e não como os títulos meramente honoríficos que os reis passaram a distribuir posteriormente.

As terras do ducado de Veragua e do marquesado da Jamaica estavam isentas do controle do vice-rei da Nova Espanha – cuja capital era a Cidade do México – e deveriam ser herdadas pelos sucessores do duque como propriedade deste. Dessa forma, foram instituídos, já nas primeiras décadas da conquista castelhana, verdadeiros senhorios na América, equivalentes aos feudos europeus.

Apesar dos esforços do duque para estabelecer sua autoridade em Veragua – seu irmão Francisco Colombo faleceu em uma das diversas expedições organizadas –, a resistência dos indígenas e as condições inóspitas fizeram-no renunciar ao senhorio efetivo. O controle da terra passou à coroa, isto é, constituiu-se em realengo. Em 1560, a nova província de Veragua tornou-se uma parte do reino de Terra Firme, cujo governador era o presidente da Audiência do Panamá –, e, em troca, Luís Colombo e seus descendentes passaram a ter direito a uma renda anual – paga até o ano de 1898 –, mantendo também as honras de duque de Veragua e marquês da Jamaica, que conservam até hoje.

(3.4)
A QUESTÃO DOS JUSTOS TÍTULOS

Desde antes da descoberta, da conquista e do povoamento da América pelos castelhanos, discutia-se – na esteira da Reconquista e dos avanços posteriores feitos sobre as Canárias e outras ilhas do Atlântico – quais seriam as normas de direito aplicáveis nesse processo. Seguindo a doutrina firmemente estabelecida no direito ocidental desde Aristóteles, passando por Cícero e Santo Tomás de Aquino, reconhecia-se que havia um direito natural e princípios básicos e universais de justiça aplicáveis a todos os seres humanos, os quais deveriam ser a base das relações entre os reinos e estados, fossem estes cristãos, judeus, muçulmanos ou pagãos.

Uma vez conquistada a América, logo surgiram controvérsias sobre os abusos cometidos por conquistadores contra os indígenas e sobre quais títulos jurídicos podiam apresentar os reis de Castela para legitimamente ocupar as terras. Especialmente no caso dos astecas e dos incas, havia impérios muito bem estabelecidos, que não poderiam ser equiparados a grupos nômades sem organização social e autoridade pública. Nas universidades ibéricas, as questões relacionadas aos "justos títulos" da conquista motivaram notável produção intelectual sobre um campo que hoje seria denominado *direito internacional* (Ruiz, 2002).

3.4.1 Antecedentes da discussão

Antes que os espanhóis alcançassem a América, já haviam surgido controvérsias sobre a **legitimidade jurídica e teológica** da conquista e da colonização, bem como da escravização, por conta da possível conquista de ilhas no Atlântico povoadas por povos pagãos. Eram povos com os quais nunca se estivera em contato e que não pareciam ter civilização, de modo que surgiu a questão hipotética de não serem humanos como os europeus, africanos e asiáticos. Se não fossem descendentes de Adão e Eva, não seriam humanos, e não se aplicaria a eles o direito natural. Essa questão foi resolvida já no século XIV, mas lastreou o debate posterior. Suárez Fernández (1992, p. 88, tradução nossa) afirma:

> *A existência de habitantes nas ilhas do Atlântico, aos que não havia ainda chegado notícia do cristianismo, nem do judaísmo, nem do islamismo, era conhecida desde meados do século XIV. Houve então discussão sobre*

se eles deveriam ser reconhecidos como seres totalmente humanos ou se [...] eles poderiam ser reduzidos à escravidão. As correntes tomistas nas quais o papa confiava, e que eram dominantes na Igreja espanhola, insistiam em que deveriam ser considerados como homens, de modo que havia que reconhecer neles os direitos mínimos correspondentes a todos os tipos de pessoas. Ao mesmo tempo, a questão do direito de ocupação foi levantada nas ilhas que foram descobertas. Desde 1347, sem que as decisões do mesmo tipo fossem interrompidas posteriormente, a Igreja afirmava duas coisas: que somente ela poderia conceder legitimidade à ocupação, a qual ficava dependente da vontade de evangelizar; e que aos indígenas se deveriam reconhecer os direitos naturais humanos. A ocupação das Canárias e a primeira instalação em território americano foram feitas dentro dessas perspectivas. Isabel impediu com grande energia que se quebrasse a proibição de reduzir à escravatura os antigos habitantes, punindo inclusive pessoas tão próximas a ela, como a filha de Beatriz de Bobadilla e Cristóvão Colombo. Os religiosos encarregavam-se, se necessário, de recordar a obrigação.

Passemos ao texto do codicilo [de Isabel, A Católica]: "Quando nos foram concedidas pela Sé Apostólica – nisto se apoiava o título de legitimidade – as Ilhas e Terra Firme do mar Oceano, descobertas e a descobrir, nossa principal intenção, no momento que o suplicamos ao Papa Alexandre VI, que no-lo concedeu, foi de procurar trazer os povos delas e convertê-los à nossa Santa Fé católica", e também de "enviar às mencionadas Ilhas e Terra Firme prelados, religiosos e outras pessoas doutas e temerosas a Deus para instruir os cidadãos e moradores delas na Fé Católica e ensiná-los e doutriná-los nos bons costumes, pondo nisso a diligência devida, segundo mais extensamente na mencionada concessão se contém".

Pelos termos do codicilo de Isabel, A Católica, invocando as bulas pontifícias, podemos começar a compreender onde estavam os termos do debate. Segundo a doutrina tradicional, o papa só tinha, nas questões temporais, um poder indireto, quando envolvesse uma necessidade espiritual. Em todos os casos, o poder do papa nas questões temporais estava circunscrito à incidência de **matéria espiritual** sobre questão aparentemente temporal e só se aplicava aos cristãos batizados.

Nesse contexto, explica José María Iraburu (2003, p. 19, tradução nossa):

> Já havia anos que vinham, sempre enfrentadas, duas correntes de pensamento. Um setor, composto principalmente por juristas leigos, entre os quais se contavam Martín Fernández de Enciso, o doutor Palacios Rubios, Gregorio López e Solórzano Pereira, seguiam a doutrina [...] que atribuía ao Papa, Dominus orbis, um domínio civil e temporal sobre todo o mundo. Outros, em geral teólogos e religiosos, mais próximos de Santo Tomás, como John Maior, Las Casas, Francisco de Vitoria, frei Antonio de Córdoba, frei Domingo de Soto e Vázquez Menchaca, rechaçavam a validade da doação pontifícia das Índias, e fundamentavam em outros títulos [...] a ação da Espanha nas Índias.

Levando em conta a doutrina tomista tradicional, o papa não poderia distribuir, propriamente falando, terras em que havia já senhores estabelecidos, como era o caso de diversas regiões da América. O que poderia o papa fazer é repartir entre os reinos cristãos a obrigação de evangelizar terras descobertas – auferindo daí também as vantagens políticas que poderiam suceder –, de modo que não disputassem entre si os cristãos essas terras e esses domínios.

De todo modo, reconheciam alguns pensadores que a atividade missionária poderia ser ocasião para surgimento de títulos justos de domínio político, contemplados no direito tradicional, por exemplo, se os indígenas voluntariamente cedessem o poder aos estrangeiros, ou se, de alguma forma, os indígenas desrespeitassem os direitos naturais dos estrangeiros, violência essa que daria azo a uma guerra justa em sua defesa, da qual poderia resultar uma conquista militar.

3.4.2 O SERMÃO DE FREI ANTONIO DE MONTESINOS (1511)

Uma vez iniciada a conquista da América, surgiu entre os castelhanos questão disputada sobre se a presença castelhana no continente era legítima ou não, ou seja, se havia ou não títulos que justificassem, do ponto de vista do direito tradicional, a ocupação daquelas terras que já eram habitadas quando os espanhóis ali chegaram. No sermão pronunciado na ilha de Hispaniola pelo frade domincano Antonio de Montesinos no quarto domingo do Advento de 1511, o sacerdote denunciava abusos cometidos por castelhanos contra indígenas. A homilia provocou reações entre os conquistadores, fazendo crescer a controvérsia sobre a legitimidade da presença castelhana nas Índias.

Perguntava naquele dia o Frei Antonio de Montesinos, condenando a atitude dos castelhanos com relação aos indígenas:

> Não são eles homens? Com eles não se devem guardar e cumprir os preceitos de caridade e de justiça? Não tinham suas terras próprias e seus senhores e senhorios? Em alguma coisa nos ofenderam? A lei de Cristo, não somos obrigados a pregá-la e trabalhar com toda diligência para convertê-los? [...] Estais todos vós em pecado mortal e nele viveis e morreis, pela crueldade e tirania que usais contra essas pessoas inocentes. (Montesinos citado por Iraburu, 2003, p. 14, tradução nossa)

Frei Antonio de Montesinos foi além:

Dizei, com que direito e com que justiça tendes em tão cruel e horrível servidão àqueles índios? Com que autoridade tendes feito tão detestáveis guerras a estes povos, que estavam em suas terras mansos e pacíficos, dos quais infinita quantidade, com morte e estragos inéditos, haveis consumido?
(Montesinos citado por Iraburu, 2003, p. 14-15, tradução nossa)

Nesse sentido, como podemos ver, Antonio de Montesinos questionava a legitimidade jurídica da colonização.

3.4.3 Juntas de Burgos e de Valladolid (1512-1513)

A controvérsia sobre os justos títulos da presença castelhana na América alcançou a coroa, que convocou professores universitários para debater a questão de um ponto de vista acadêmico. Houve professores favoráveis e contrários à conquista, multiplicando-se as posições e as nuances entre elas. Em 1512, o Rei Fernando, o Católico, mandou reunir em Burgos uma junta composta de especialistas em direito e em teologia a fim de discutir a questão da conquista e da colonização hispânica nas Índias.

Participaram das discussões, entre outros, o dominicano Frei Matías de Paz, professor de teologia em Salamanca, e o jurista Palacios Rubios. Frei Matías de Paz e o doutor Palacios Rubios encontravam-se em lados opostos do debate: o primeiro defendia a doutrina **tomista** que reafirmava os direitos naturais dos indígenas pagãos – a integridade de sua vida, de sua liberdade e de seus bens, que deviam ser respeitados –, ao passo que o segundo, o jurista, em linha mais **regalista**, afirmava que, por conta da degradação moral verificada entre os indígenas, haviam perdido esses direitos naturais, razão pela qual era direito e dever da Espanha conquistá-los, se para tal recebessem autorização do papa. Palacios Rubios, para justificar sua posição regalista, paradoxalmente, advogava por uma suposta jurisdição política universal do papa, mesmo sobre os não batizados, argumento que não encontrava guarida nas obras dos teólogos mais célebres. Os dominicanos combateram tenazmente essa visão que exagerava o poder do papa.

Após o debate, e ponderando-se os dois lados, o rei promulgou as chamadas *Leis de Burgos*, que compendiavam uma série de normas, com base nas quais se proibia a violação da liberdade e dos direitos naturais dos indígenas, favorecia-se a evangelização dos nativos – dispondo, por exemplo, sobre a catequese, a atenção sacerdotal, construção de igrejas etc. –, ao mesmo tempo em que se reafirmava a soberania dos reis da Espanha sobre terras e habitantes da América e renovava-se a antiga instituição castelhana da *encomienda*.

Em 1513, reuniu-se nova junta, dessa vez em Valladolid, para continuar o debate sobre os títulos de justiça pelos quais Castela poderia ou não conquistar e povoar as Índias. Na ocasião, Palacios Rubios foi favorecido. Dessa reunião resultou o estabelecimento de um documento chamado *requerimiento*, que deveria ser proclamado diante dos índios antes de qualquer ação militar. Nesse documento, estavam consignados os argumentos de Palacios Rubios sobre a justificação da soberania dos reis da Espanha sobre as Índias. Segundo ficou determinado, os conquistadores só poderiam agir contra os indígenas se, depois de lido o *requerimiento*, estes não aceitassem tornar-se vassalos do rei da Espanha.

Não satisfeito, "em 1513, frei Matías de Paz, catedrático de Salamanca, escreve *Del dominio de los reyes de España sobre los indios*, denunciando o impedimento que os abusos põem à evangelização, e afirmando que jamais os índios 'devem ser governados com domínio despótico'" (Iraburu, 2003, p. 15, tradução nossa). Manifestações semelhantes abundam em cartas e livros, de forma especial entre os missionários, mas não raro também provenientes de leigos e de funcionários. Em 1539, Frei Vicente Valverde, que realizou o batismo de Atahualpa, escreveu de Cusco "ao Rei sobre os abusos sofridos por los índios 'de tantos loucos que estão no meio deles' e refere como 'eu lhes falei muitas vezes dizendo como Vossa Majestade os ama como a filhos e que não quer que se lhes faça nenhum agravo'" (Iraburu, 2003, p. 15, tradução nossa).

Francisco de Vitoria e os direitos dos índios

Entre os numerosos juristas e teólogos que participaram da grande discussão pública sobre os justos títulos e os direitos dos castelhanos e dos indígenas na América – que durou várias décadas do primeiro século da colonização –, notabilizou-se o dominicano Francisco de Vitoria, nascido durante a década de 1480. Teve grande impacto a aula magna que, como catedrático na Universidade de Salamanca, o dominicano pronunciou em janeiro de 1539 e que ficou conhecida universalmente como *Relectio de indis* (Vitoria, 1989).

Ingressou jovem na Ordem fundada por São Domingos de Gusmão. Estudou no Colégio de São Tiago (Saint Jacques), incorporado à Universidade de Paris, que era muito conceituada. Nela, lecionaram, entre outros notáveis professores, Pedro Abelardo, Pedro Lombardo, Alberto Magno e Tomás de Aquino. Vitoria residiu cerca de 16 anos – dez como estudante e seis como docente – na famosa Lutetia Parisiorum. Conheceu, talvez até pessoalmente, o teólogo escocês John Maior (Joannes Maior), pioneiro no trato do tema dos índios na América.

De 1523 a 1526 ensinou no célebre Colégio de São Gregório, em Valladolid. Essa cidade frequentemente sediava a Corte Imperial e o Conselho das Índias. Vitoria pôde, assim, ampliar seus conhecimentos sobre a América. Durante sua longa permanência em Salamanca (1526-1546), residindo no Convento de San Esteban, Francisco de Vitoria recebeu frequentes

> notícias sobre os índios da América e o relacionamento deles com os colonizadores espanhóis. Muitos compatriotas seus – quer leigos, quer religiosos – voltaram à metrópole uma ou mais vezes. Vários visitaram Salamanca, onde fulgia uma grande universidade. Numerosos confrades da Ordem dos Dominicanos missionaram no Novo Mundo. Suas cartas e outros escritos circulavam por inúmeras cidades. (Aleixo, 2016, p. 11-12)

A conferência de Vitoria, em 1539, foi resultado de anos de reflexão do dominicano de Salamanca. Em 8 de novembro 1534, carta de Frei Francisco de Vitoria a seu superior, Frei Miguel de Arcos, já tratava do tema da defesa dos índios contra abusos e crueldades de soldados castelhanos. Nessa carta, denunciava atitudes verificadas na América como inadmissíveis para homens cristãos. Termina a carta condenando o regicídio do Inca Atahualpa.

Durante os anos acadêmicos de 1535 e 1536, encontram-se referências, em apontamentos de suas aulas, sobre os direitos dos índios a seus bens e territórios. Na *relectio* – ou aula magna – do curso de 1537, o catedrático incluiu longa digressão sobre os direitos e os deveres dos reis de Castela a intervir em defesa dos indígenas. Ao longo do ano de 1538, começou a preparar sua dissertação sobre os índios, escrevendo um rascunho no sentido de desautorizar a conquista do Peru realizada por Francisco Pizarro. Finalmente, em 1539, leu em público sua *Relectio de indis* (Vitoria, 1989).

Uma *relectio*, ou relecção, era uma dissertação acadêmica em que o mestre compendiava um tema tratado anteriormente nas lições ordinárias – ou seja, uma *relectio* é a repetição condensada de uma série de lições – *lição*, em latim, *lectio*. A *relectio* era uma solenidade importante na universidade, feita diante do conjunto dos professores e alunos. Francisco de Vitoria, na qualidade de catedrático de Teologia, estava preocupado com a direção moral da conquista da América e por meio da *relectio* anual, podia compartilhar oficialmente com os demais acadêmicos suas reflexões sobre o assunto.

A leitura pública da *Relectio de indis* em 1539 pode ser considerada o ponto inicial da formação da escola de Salamanca, tendo incentivado outros acadêmicos a investigar a moralidade de diversos aspectos da conquista e da colonização castelhanas na América. Ademais, a universidade tinha grande influência na determinação da política durante o período dos Habsburgo porque nela se formavam os principais conselheiros do rei.

Ao desmontar academicamente as bases em que o *requerimento* de Palacios Rubios se fundava, Vitoria iniciou um movimento que mudou substantivamente a relação entre a coroa e os índios. Conforme destacamos anteriormente, o jurista leigo Palacios Rubio defendia um poder político direto do papa sobre todo o mundo. O dominicano Francisco Vitoria, em processo dialético lento e paciente, desmontou cada uma das pretensões de Palacios Rubio, o que o levou a progressivamente abandoná-las.

Entre outros pontos, Vitoria fazia finca-pé em que se devia tratar os índios com os mesmos direitos naturais que pertencem a todos os seres humanos. Quanto a suas terras e propriedades, afirma que os indígenas

> *eram, tanto pública como privadamente, senhores tão verdadeiros quanto os cristãos. E, assim, não se poderia espoliar de seus bens, seus príncipes ou simples particulares sob o pretexto de que não seriam verdadeiros donos. E seria grave negar a eles, que nenhuma injúria jamais cometeram, o que concedemos a sarracenos e judeus, inimigos perpétuos da religião cristã, que não negamos ter verdadeiro domínio sobre seus bens, se, por outro lado, não ocuparam terras dos cristãos.* (Vitoria, 2016, p. 116)

Francisco de Vitoria não pretendia que os espanhóis deixassem a América, mas que sua política se retificasse, proibindo e punindo abusos e crimes, e também se justificasse com base no direito natural e no direito das gentes, embrião do atual direito internacional público. Sua intensa atividade intelectual provocou a continuidade do debate sobre os justos títulos da Espanha nas Índias, exigindo moralmente do rei a convocação de novas juntas de controvérsia e o abandono do *requerimiento* redigido pelo jurista Palacios Rubio e estabelecido em 1513, que não se sustentava diante do direito e da teologia expostos por Vitoria.

Junta de Valladolid (1550-1551): Las Casas e Sepúlveda

Diante do prolongamento da discussão sobre os justos títulos de Castela na América, reavivado pela contribuição de Francisco de Vitoria e de outros pensadores, foram editadas as chamadas *Leis Novas*, de 1542, que, como vimos, pretendiam reformar as relações entre castelhanos e indígenas e aboliam a *encomienda*, entre outras determinações. Contudo, diante das revoltas e questionamentos surgidos na América contra a coroa, a maior parte dessas medidas foi atenuada ou revogada, e também a *encomienda* continuou em vigência.

No mesmo ano em que Vitoria expôs sua *relectio*, o jurista Juan Ginés de Sepúlveda (1941) publicou a obra *Las justas causas de las guerras contra los indios*, também conhecida como *Democrates alter*. O livro de Ginés de Sepúlveda apresenta um diálogo filosófico entre dois personagens: Leopoldo, que se opunha à guerra contra os indígenas, e Demócrates, pela boca de quem fala o próprio autor, favorável à guerra (Ruiz, 2002).

No livro, os argumentos utilizados não são exatamente os mesmos de Palacios Rubios: Ginés de Sepúlveda apela à autoridade de Aristóteles, filósofo pagão, que em sua *Política* defendeu a escravização dos irracionais. Para Sepúlveda, os índios não tinham civilização e eram irracionais. Em sua *relectio*, Vitoria já dava a resposta a esse argumento, afirmando que, se havia bárbaros entre os índios, também os havia entre os espanhóis, e listava uma série de realizações civilizacionais dos índios, como "cidades devidamente organizadas, casamentos bem definidos, magistrados, senhores, leis, professores, indústrias, comércio; tudo isso exige o uso da razão" (Vitoria, 2016, p. 116).

A fundamentação teórica de Vitoria foi seguida em grande parte pelo Frei Bartolomeu de las Casas. Entre seus contemporâneos, mesmo os que estavam do mesmo lado dele no debate, Las Casas foi visto como exagerado e intolerante (Iraburu, 2003). Contudo, sua veemência apaixonada – distinta da moderação e da racionalidade típicas dos acadêmicos de Salamanca, como Francisco de Vitoria – levou-o a tornar-se o representante mais famoso da causa dos indígenas no longo debate sobre os justos títulos.

Pode-se dizer que

nenhum foi mais veemente nas denúncias do que Bartolomeu de Las Casas. Tanto em sua Brevíssima Relação da Destruição das Índias (1542), como, posteriormente, nos debates da [...] "Junta de Valladolid" (1550-1551), Las Casas denunciou, em um misto de compaixão e indignação, a tirania, a brutalidade e os crimes perpetrados pelos conquistadores; para ele, eram estes últimos, e não os autóctones, que se afiguravam bárbaros, matando pessoas inocentes. (Trindade, 2016, p. 43)

Refere José Carlos Brandi Aleixo (2016, p. 12-13):

Bartolomeu de Las Casas chegou à ilha caribenha Espanhola (hoje Haiti e República Dominicana) em 1502. Tornou-se discípulo de Montesinos. Empenhado na defesa dos índios, cruzou o Atlântico com frequência. Em 1519, em Barcelona, no Parlamento Espanhol, na presença do Rei

Carlos I, defendeu os índios. Em 1523, sacerdote, ingressou na Ordem dos Dominicanos. Em 1544, nomeado Bispo de Chiapas (então na Guatemala), velejou para a América com 44 confrades dominicanos. São exemplos de escritos seus: i) História Apologética (1527), que veio a ser espécie de introdução para a sua famigerada Historia de las Indias; ii) três longas cartas ao Conselho das Índias (1531, 1534 e 1535), censurando pessoas e instituições opressoras dos índios; iii) Del único modo de atraer a todos los pueblos a la verdadera religión (1537), em defesa da evangelização pacífica; iv) Brevísima relación de la destrucción de las Indias (1540-1542). Numerosas vozes advogaram o pretenso direito dos espanhóis de conquistar as Índias e de escravizar os índios. Exemplo notório é o de Juan Ginés de Sepúlveda (1489-1573), autor da obra Democrates secundus, sive de iustis belli causis citado por Indios (Democrates segundo ou das causas justas de guerra nas Índias). Em 1550, em Valladolid, ele participou de um debate com Bartolomeu de Las Casas.

O debate entre Las Casas e Ginés de Sepúlveda em Valladolid, entre 1550 e 1551, foi o mais célebre lance da querela sobre os justos títulos de Castela nas Índias e, de certa forma, finalizou-na, vencendo o partido de Las Casas. Foi convocado pelo rei depois que o Conselho das Índias, em 1549, propôs-lhe suspender todas as conquistas armadas na América até que se debatesse a fundo se eram justas. Os moderadores foram três teólogos dominicanos: Melchor Cano, Domingo de Soto e Bartolomé de Carranza.

Sepúlveda, como já vimos, fundamentava em Aristóteles seu argumento, interpretando o filósofo pagão a seu modo. Para ele, havia homens mais racionais do que outros, e os mais racionais, por causa de sua capacidade, deveriam governar aqueles que não o são. Na interpretação de Sepúlveda, então, os espanhóis seriam mais racionais que os nativos e, portanto, a conquista e a dominação da América e dos respectivos habitantes seriam lícitas, desde que se evitasse toda violência gratuita.

Por outro lado, argumentou Las Casas que os índios, sendo seres totalmente humanos, racionais e livres, tinham os mesmos direitos que os espanhóis e outros europeus conquistados pela coroa de Castela. Não podiam, portanto, ser espoliados de suas propriedades nem reduzidos à escravidão. Quanto às bulas pontifícias, Las Casas explicou sua delimitação como documentos que davam direitos aos reis apenas para promover a evangelização, dividindo as atribuições de apostolado entre os reis cristãos. A evangelização devia sempre ser pacífica, sem que se justificasse, em seu nome, que se promovessem usurpações e outros atos violentos contra os índios.

A chamada *Escola de Salamanca*, que se desenvolveu no contexto desse longo debate, passou a reconhecer que, juntamente aos direitos dos espanhóis, também era evidente a condição humana dos índios, o direito de ser batizado e dispor livremente de sua propriedade pública e privada. A controvérsia em torno dos títulos justos durou ainda alguns anos, mas, após a vitória reconhecida a Las Casas sobre os argumentos de Sepúlveda, seu núcleo já estava resolvido.

(3.5)
Estabilização administrativa: vice-reinos da Nova Espanha e do Peru

Durante o século XVI, foram criados os vice-reinos da Nova Espanha – com capital na Cidade do México – e do Peru – com capital na Cidade dos Reis, primeiro nome de Lima. Antes do estabelecimento desses dois vice-reinos, em 1535 e 1542, respectivamente, foram tentados outros arranjos institucionais para as terras da Coroa de Castela na América, conforme vimos anteriormente.

Originalmente, no início da conquista, havia apenas o vasto vice-reino das Índias, dado a Colombo e seus sucessores pelos reis Fernando e Isabel. Após a morte de Colombo, o Rei Fernando negou-se a passar todos os direitos do descobridor a seu filho Diego, o que originou uma disputa judicial entre Diego Colombo e a coroa, a qual foi vencida pelo filho do almirante, reconhecido como segundo vice-rei das Índias em 1511.

O vice-reino das Índias só terminou oficialmente em 1537, após a morte de Diego Colombo (em 1526) e durante a menoridade de seu sucessor, Luís Colombo, terceiro vice-rei das Índias, o qual recebeu em troca dois vastos senhorios territoriais e os títulos de duque de Veragua e marquês da Jamaica. Em 1535, antes que a questão estivesse judicialmente finalizada, a coroa já havia criado o vice-reino da Nova Espanha, com sede no México, sem hereditariedade.

Antes da criação do vice-reino do Peru, o Imperador Carlos, em 1529, criou, por meio de capitulações, duas vastas governações na América do Sul: a Francisco Pizarro foi dada a governação de Nova Castela, e a Simón de Alcabaza y Sotomayor foi dada a governação de Nova Leão, com as patentes de governador, capitão geral, *adelantado* e *alguacil mayor*. Em 1534, foram criadas também a governação de Nova Andaluzia – que deu origem, posteriormente, à governação do Paraguai e Rio da Prata, já no contexto do vice-reino do Peru – e a governação de Nova Toledo, atribuída a Diego de Almagro.

3.5.1 VICE-REINO DA NOVA ESPANHA

A Cidade do México foi conquistada pelos castelhanos no ano de 1521, em nome do Imperador Carlos I da Espanha e V do Sacro Império. A expedição que logrou a conquista do México partiu de Cuba em 1519, liderada pelo conquistador Hernán Cortés. Para derrubar os astecas, Cortés contou com a colaboração de nações indígenas subjugadas por eles e, especialmente, com a ajuda da já mencionada índia Malintzin – também conhecida como Malinche ou dona Marina –, guia e intérprete de Cortés e mãe de seu filho primogênito, Martín Cortés, o qual, apesar de concebido fora do vínculo matrimonial, foi legitimado diante do direito canônico, feito cavaleiro da Ordem de Santiago e celebrado como um dos primeiros mestiços mexicanos.

Conquistado dos astecas o México, primeiramente foi instituída a Real Audiência do México, em 1527, em meio às disputas judiciais sobre a herança de Colombo. Posteriormente, criou-se oficialmente, em 8 de março de 1535, o vice-reino da Nova Espanha, com capital na Cidade do México, estabelecida sobre a antiga Tenochtitlán. Sob sua jurisdição estavam compreendidos territórios estratégicos, como as capitanias gerais do Yucatán e da Guatemala.

3.5.2 Vice-reino do Peru

O vice-reino do Peru foi criado em 1542, com capital da cidade dos Reis, progressivamente conhecida como Lima. Dois anos depois, em 1544, chegou ao Peru o primeiro vice-rei, Blasco Núñez de Vela, com instruções para suspender o regime das *encomiendas* de indígenas. Levantando-se contra ele, Gonzalo Pizarro, nomeado governador pela Real Audiência de Lima, ordenou a execução do vice-rei. Restaurou a autoridade no Peru o novo vice-rei, Pedro de la Gasca, que derrotou Gonzalo Pizarro e condenou-o à morte, vencendo outra insurreição de *encomenderos*.

Pedro de la Gasca ficou conhecido por sua habilidade diplomática, uma vez que preferia neutralizar os conflitos a agir militarmente. Nesse sentido, buscou atrair o inca de Vilcabamba, Sayri Túpac, com benefícios, em vez de ação militar. Não obteve sucesso nesse intento durante seu governo, mas o vice-rei seguinte, Andrés Hurtado de Mendoza, terceiro marquês de Cañete, colheu os frutos do trabalho de La Gasca.

O governo do marquês de Cañete durou de 1556 até 1560: apesar de breve e das numerosas revoltas de *encomenderos*, foi responsável por consolidar a conquista no Peru. Organizou uma expedição ao Amazonas, liderada por Pedro de Ursúa, o qual foi assassinado por outro conquistador, Lope de Aguirre, que tomou a liderança da expedição em seu lugar. No vácuo de poder após a demissão e o falecimento do vice-rei, Lope de Aguirre escolheu um jovem expedicionário, Fernando de Guzmán, a quem aclamou rei do Peru e o assassinou logo depois. O sucessor do marquês de Cañete como vice-rei foi Diego López de Zúñiga, o qual foi sucedido por Francisco de Toledo (Vianna, 1952).

3.5.3 Divisões administrativas nos séculos XVI e XVII

Os vice-reinos da Nova Espanha e do Peru estabeleceram-se, até a criação de outros vice-reinos no século XVIII, como as duas entidades máximas em que se dividia todo o território castelhano na América. A divisão administrativa dos vice-reinos americanos era complexa, e o estatuto jurídico-político dos territórios foi frequentemente motivo de controvérsias entre os juristas da época, disputas essas que se estendem até nossos dias entre os historiadores.

A variedade de termos utilizados incluía frequentemente as palavras *reinos* e *províncias*, tal qual como acontecia com territórios peninsulares. Ambos os termos, na prática, correspondiam a divisões geográficas e administrativas, conservando, no caso dos reinos, um caráter de honra, mas não significavam uma organização política autônoma. Tais termos eram comuns na Espanha peninsular também: à medida que reinos antes autônomos eram integrados à monarquia hispânica, essas regiões conservavam o título honorífico de reinos, apesar da nova realidade política. Em Portugal, esse foi o caso da região dos Algarves.

Para fins didáticos, pode-se dizer que os vice-reinos eram divididos basicamente em **províncias maiores**, as quais se dividiam em **províncias menores**. As províncias maiores – que reuniam províncias menores – costumavam tomar o nome do órgão de governo mais proeminente entre elas – audiência ou capitania geral –, ou, quando lhes fosse reconhecida essa honra, chamavam-se *reinos*. Entre outros, no vice-reino da Nova Espanha, eram os casos do reino do México e do reino da Nova Galícia, e, no vice-reino do Peru, o reino do Chile e o reino da Nova Granada, que eram administrativamente divididos em províncias.

As grandes estruturas do governo castelhano eram os vice-reinos, os quais abarcavam uma série de províncias maiores – os reinos –, cujo administrador tinha o título de governador. Esse governador, em alguns casos, era o capitão geral (máximo grau militar, comandante de uma capitania geral), às vezes o presidente do tribunal superior (audiência), e não raro abarcava os três cargos.

Sob a autoridade do vice-rei, portanto, foram erigidas também jurisdições territoriais de tipo militar – as **capitanias gerais** – e judiciais – as **audiências** – que assumiam funções governamentais, dadas a vastidão dos domínios de cada vice-reino e a importância estratégica das regiões em que essas jurisdições estavam estabelecidas. Dessa forma, é comum falar-se de "Audiência da Nova Granada" para referir-se ao "reino da Nova Granada", que era uma província maior do vice-reino do Peru governada pelo presidente de um órgão judicial, a audiência, ao qual se haviam estendido prerrogativas de governo. Da mesma forma, o "reino do Chile" ou "as províncias do Chile" eram conhecidas como "capitania geral do Chile", uma vez que ao ofício militar de capitão geral do Chile estava unida a prerrogativa de governador do reino do Chile.

A capitania geral de Cuba foi uma das primeiras estabelecidas, em razão da importância estratégica da ilha, que foi conquistada pelo *adelantado* Diego Velázquez de Cuéllar, que se tornou o primeiro governador de Cuba em 1511 e fundou as primeiras cidades da ilha, entre as quais Santiago de Cuba e Havana. Com o efetivo povoamento castelhano de Cuba, a ilha tornou-se ponto de partida para outras expedições e conquistas, principalmente para as regiões próximas ao golfo do México.

De Cuba eram governadas, no século XVI, as ilhas de Santo Domingo – onde atualmente se localizam o Haiti e a República Dominicana –, Porto Rico e Jamaica, esta também chamada de ilha de Santiago (Vianna, 1952). Nesse primeiro século, o governo de Cuba marcou-se pela luta constante contra os nativos que não aceitaram a conquista e contra os corsários e piratas que rondavam as costas e ilhas do Caribe.

No primeiro século da colonização ainda foram criadas 11 audiências: Santo Domingo, México, Panamá, Lima, Guatemala, Guadalajara, Santa Fé de Bogotá, Charcas, Quito, Cusco e Chile. Revestiu-se de especial relevância a audiência de Santa Fé de Bogotá, cujo presidente exerceu funções de governo para a parte norte do vice-reino do Peru. No século XVIII, sob os Bourbon, o território sob a autoridade dessa audiência originou o vice-reino da Nova Granada.

Por fim, essas províncias maiores – conhecidas como *capitanias gerais*, *presidências* ou *audiências*, ou simplesmente *províncias* – dividiam-se em províncias menores, normalmente administradas por um corregedor e, por isso, chamadas de *corregimentos*. Os corregimentos eram divisões territoriais administrativas utilizadas nos reinos da

Coroa de Castela – tanto nos da Europa quanto nos da América – durante a época dos Habsburgo. Competia ao corregedor uma série de obrigações, entre as quais fiscalizar os regedores – ou alcaides, responsáveis pelas vilas, cidades e povoações diretamente dependentes do rei – que se localizavam no território de seu corregimento. Não era incomum que o corregedor fosse denominado *alcaide maior*, uma prática sobretudo prevalecente no vice-reino da Nova Espanha. Quando detinha o mando militar da província, e não apenas a administração civil e judicial, o corregedor tinha título de governador.

Exemplo: o Chile

Frequentemente, os termos *reino* e *província* eram usados indistintamente e se confundiam com o tipo de jurisdição estabelecida: "governação", isto é, o governo político, "audiência", a jurisdição judicial que frequentemente assumia funções de governo, e "capitania geral", isto é, o governo militar. Tomemos uma vez mais o caso do Chile para analisar como se podiam desenvolver essas distinções.

Após a expedição de Pedro de Valdivia e a fundação da cidade de Santiago, foi criada a chamada *governação da Nova Extremadura*, nome que foi uma homenagem ao lugar de origem do conquistador. Os responsáveis pelo governo tinham o título de governadores – governadores da Nova Extremadura e, logo em seguida, governadores do Chile.

Desde pelo menos a época do reinado de Filipe II, tanto nos documentos públicos quanto nos privados, e ainda nas "leis de Índias" – isto é, a legislação que se aplicava à América e às Filipinas –, foi utilizada correntemente a denominação *reino do Chile* (*"Reyno de Chile"*) para se referir ao território. Esse reino do Chile era dividido em províncias menores, chamadas simplesmente de *províncias* ou *corregimentos*, administrados por um corregedor. A autoridade máxima do reino era o governador, que era ainda capitão geral e, com base na criação da audiência do Chile, também presidente desse órgão. Em uma só pessoa se concentravam os poderes civil, militar e judiciário, de modo que, no reino do Chile, as jurisdições da governação, da capitania geral e da audiência eram uma só.

Os termos *reino do Chile* (ou *as províncias do Chile* – expressão esta também bastante utilizada) era eminentemente geográfico. *Governação do Chile*, por sua vez, definia o tipo de governo existente. O termo *capitania geral do Chile* revela que a "governação do Chile" detinha especial autonomia no campo militar, sendo o governador também capitão geral. Compreende-se que o vice-reino do Peru, em que estava localizado o "reino do Chile" ou "as províncias do Chile", era dividido politicamente em diversas governações ou reinos, entre as quais a "governação do Chile", a qual tinha especial posição militar por ser sede da "capitania geral do Chile". O "capitão geral do Chile" era também o governador da região, como já foi comentado, e presidente do tribunal judiciário, a audiência.

Síntese

- Entre as diversas nações europeias que se estabeleceram na américa a partir do século XVI, os castelhanos se notabilizaram pela integração dos territórios conquistados à monarquia metropolitana e pela mentalidade própria da reconquista que acompanhou o início da conquista.
- O contato entre castelhanos e indígenas foi marcado por conflitos, mas também por integrações e mútua influência cultural, sendo exemplo dessa acomodação a integração das elites nativas americanas no sistema político e nobiliárquico espanhol, inclusive com a criação de casas nobiliárquicas como a dos condes de

Moctezuma, para descendentes dos imperadores astecas, e dos marqueses de Oropesa, para descendentes dos imperadores incas.

- Cristóvão Colombo chefiou a primeira expedição europeia a se estabelecer regularmente na América, viagem que foi patrocinada pelos reis de Castela, que garantiram a Colombo o governo das terras conquistadas com o título de almirante, vice-rei e governador.

- As primeiras décadas da conquista castelhana da América foram acompanhadas por intenso debate público sobre a legitimidade da presença e a ação dos espanhóis no Novo Mundo, que envolveu prestigiosos acadêmicos, juristas e teólogos, entre os quais o dominicano francisco de Vitoria.

- A organização administrativa do domínio castelhano na américa estabilizou-se pela criação, no século xv, dos vice-reinos da nova espanha, compreendendo os territórios da américa central e do norte, e do peru, abrangendo os territórios castelhanos da américa do sul.

Atividades de autoavaliação

1. O intuito declarado da expedição de Cristóvão Colombo era:
   a) converter os huguenotes.
   b) dominar a África.
   c) descobrir continentes desconhecidos.
   d) alcançar o Oriente.
   e) fundar a Colômbia.

2. Antes de Colombo e dos castelhanos, estiveram seguramente na América os:
   a) indianos.
   b) egípcios.

Flávio L. Alencar

c) escandinavos.
d) franceses.
e) eslavos.

3. As *capitulações* eram documentos:
   a) segundo os quais os chefes indígenas americanos deviam submeter-se aos europeus.
   b) pelos quais o papa reconhecia aos reis europeus o direito de evangelizar.
   c) pelos quais os reis castelhanos concediam direitos de governo aos navegadores.
   d) em razão dos quais os integrantes de uma expedição dividiam suas tarefas.
   e) mediante os quais os imperadores astecas nomeavam governadores.

4. O órgão real destinado primariamente a aconselhar o rei sobre os assuntos da América era:
   a) o Conselho das Índias.
   b) a Casa de Contratação de Buenos Aires.
   c) o Supremo Tribunal da América.
   d) a Audiência do México
   e) a Comissão para o Desenvolvimento da América.

5. O debate sobre os "justos títulos" foi inicialmente provocado por:
   a) Nicolau Maquiavel, em 1513.
   b) John Locke, em 1689.
   c) Juan Ginés de Sepúlveda, em 1547.
   d) Jean-Jacques Rousseau, em 1750.
   e) Frei Antonio de Montesinos, em 1511.

Atividades de aprendizagem

Questões para reflexão

1. No testamento da Rainha Isabel, A Católica, e nos debates sobre os justos títulos de Castela nas Índias, percebemos, em meio a qualidades e defeitos de homens e mulheres de todos os tempos, uma mentalidade cristã e preocupações religiosas que, nos séculos seguintes, perderam cada vez mais presença no debate público ocidental, apesar de nunca terem sido suprimidas totalmente. Em sua opinião, a religião ajuda a humanizar o mundo político e cultural, ou o prejudica? Por quê?

2. O debate sobre os justos títulos da presença de Castela de Novo Mundo revela uma pujante vida acadêmica entre os ibéricos do século XVI, no marco da Escolástica Ibérica e da Escola de Salamanca. Esses autores produziram filosofia política que marcou a trajetória da América Latina e do pensamento humano em geral. Em sua opinião, conhecemos e estudamos suficientemente os pensadores políticos hispânicos, ou concentramos nossos estudos demasiadamente em autores de outras tradições (ingleses, franceses, alemães, norte-americanos etc.)? Qual seria a justa medida nessa questão?

Atividade aplicada: prática

1. Em 1966, foi instalada, na entrada da sede de uma importante organização internacional, uma estátua da Rainha Isabel, A Católica, em cuja base se lê "Ysabel I la Católica, Reina de Castilla, de Aragón, de las Islas y Tierra Firme del Mar Océano". Procure saber qual é essa organização e em que cidade está instalada e identifique a relação possível entre essa personagem histórica e a referida organização.

Flávio L. Alencar

CAPÍTULO 4
Filosofia e cultura política
sob os Habsburgo

A vida cultural e intelectual na América castelhana, bem como toda a dinâmica social que lá se estabelecia, estava perpassada por concepções políticas de longa história, herdadas da Idade Média e desenvolvidas ao longo dos séculos. Não se compreende a sociedade hispano-mericana sem recuperar a herança medieval das concepções políticas que são subjacentes ao mundo barroco hispânico. Apenas a partir do século XVIII, com a vitória dos Bourbon e o afrancesamento modernizador da Espanha, essas categorias medievais ruíram, configurando uma crise do mundo hispânico que resultou, finalmente, nas independências e na decadência definitiva da Espanha no contexto europeu.

Neste capítulo veremos, em primeiro lugar, as bases filosóficas e teológicas em que se assentava a compreensão política da monarquia hispânica na Europa e nas Américas e, em seguida, a dinâmica das cortes vice-reais americanas, incluindo, em nossa análise, a corte vice-real do Rio de Janeiro. De 1580 a 1640, o Brasil foi parte da monarquia hispânica, como Estado integrante da Coroa de Portugal, herdada pelo Rei Filipe II da Espanha, aclamado em 1581 como Rei Filipe I de Portugal nas cortes reunidas no castelo e convento de Tomar, antiga sede dos templários portugueses e, então, sede da Ordem de Cristo.

Após a independência de Portugal e a aclamação do duque de Bragança como Rei Dom João IV, o Brasil foi elevado à categoria de principado honorífico. Não se pode dizer que tenha havido um corte com a cultura política castelhana, uma vez que as justificativas da separação de Portugal e Brasil da monarquia hispânica ocorreram com base na própria concepção filosófica que fundamentava esse império. Apenas no governo do marquês de Pombal, ministro do Rei Dom José I, é que a mentalidade centralizadora e laicizante – que marcou o período posterior à queda dos Habsburgo na Espanha – chegou a Portugal e ao Brasil.

Para analisar o funcionamento da monarquia pluricontinental dos Habsburgo, daremos especial atenção à formulação teórica do jesuíta Francisco Suárez, que, ao polemizar com o Rei Jaime I da Inglaterra e VI da Escócia sobre os fundamentos filosóficos e teológicos e os limites do poder régio, expôs, de maneira ordenada, a teoria política típica das monarquias ibéricas, uma doutrina antiabsolutista e anterior ao liberalismo político. Em sua obra *Defensio fidei catholicae*, publicada originalmente em 1613, em Lisboa, o livro terceiro dedica-se especialmente à crítica do absolutismo (Suárez, 1965).

(4.1)
Fundamentos teóricos da monarquia hispânica: influência de Francisco Suárez

Para entendermos a dinâmica interna de uma sociedade, "é fundamental compreender a imagem que esta sociedade tem de si mesma. A monarquia hispânica, sob a qual as sociedades americanas se desenvolveram até a independência, também se assentava sobre uma compreensão de si mesma, uma justificação de sua existência" (Alencar, 2011, p. 3). Há, nesse sentido, uma teoria da monarquia hispânica, elemento que formou e marcou os países que surgiram com base nela.

Diversos autores, juristas e teólogos, especialmente dos séculos XVI e XVII, dedicaram-se a explicitar as ideias sobre as quais se construiu essa monarquia, ajudando, dessa forma, a criar um complexo teórico que explica esse sistema político. Não podemos considerar esses autores como ideólogos – no sentido de criadores de novas formas políticas: eles não forjaram as bases ideológicas da monarquia hispânica, mas registraram, de forma, em grande parte, colaborativa e complementar, normalmente no contexto universitário, aquilo que já fazia parte de uma doutrina comum de sua época.

Um dos mais célebres desses pensadores é o jesuíta Padre Francisco Suárez, que nasceu em 1548 e faleceu em 1617. Tomaremos aqui o Padre Suárez como exemplar do pensamento da escolástica ibérica durante o período do auge da monarquia hispânica, comumente chamado de *siglo de oro*. A contribuição teórica do Padre Suárez notabilizou-se, explicitando as bases corporativas da monarquia tradicional, a origem da soberania, a limitação do poder real e o papel do povo no governo da comunidade.

Francisco Suárez nasceu em Granada, na Andaluzia, em 5 de janeiro de 1548, tendo falecido, em Lisboa, em 25 de setembro de 1617. Estudou Direito na Universidade de Salamanca, curso que abandonou para ingressar na Companhia de Jesus. Estudou Filosofia e Teologia em Salamanca. Foi professor em diversas universidades sua carreira em Coimbra, onde ensinou de 1597 a 1615.

A atividade intelectual do Padre Suárez inseriu-se em um ambiente acadêmico bem marcado, que é o das disputas filosóficas e teológicas nas universidades ibéricas, em que pontificavam mestres da Companhia de Jesus e de outras ordens religiosas, muito especialmente a dos dominicanos. Nessa época, desenvolvia-se, na Península Ibérica, a chamada *Segunda Escolástica*, caudatária do pensamento de Santo Tomás de Aquino.

As obras de Francisco Suárez, que recebeu a alcunha de *Doutor Exímio*, tiveram ampla disseminação na Espanha, em Portugal e na América castelhana – servindo como base teórica para justificar a aclamação da dinastia de Bragança no século XVII, e, mais tarde, no século XIX, para defender a autodeterminação das regiões americanas da monarquia. Foi também teólogo de máxima influência na formação dos jesuítas que vieram depois dele (Macedo, 2009).

4.1.1 Legitimidade e limites do poder político: contribuições de Santo Tomás de Aquino e de Santo Isidoro de Sevilha

Nas linhas que seguem, pretendemos abordar a teoria política do jesuíta Francisco Suárez, analisando, particularmente, as ideias de soberania e de pacto na obra do Doutor Exímio. Francisco Suárez é um autor paradigmático como teórico político jesuíta e representativo do fundamento filosófico da monarquia hispânica durante o regime dos Habsburgo, opondo-se fortemente ao absolutismo. O absolutismo foi formalmente defendido por reis e teólogos protestantes, como o Rei Jaime I da Inglaterra, com quem Suárez manteve célebre disputa.

Apesar de oposta ao absolutismo, a teoria política da monarquia hispânica não se confunde com o liberalismo, com o qual compartilha alguns termos, como *pacto*, porém utilizados em sentidos e contextos diversos. O Padre Suárez fundamentava a origem do governo legítimo na ideia de pacto. Suas ideias políticas estão fundamentalmente no *Tractatus de legibus ac Deo Legislatore*, publicado em 1612, e no *De Defensio Fidei Catholicae adversus Anglicanae sectae errores*, publicado no ano seguinte. Ambas as obras foram publicadas em Coimbra, ao tempo em que Suárez ali lecionava.

No que se refere à filosofia política de Suárez, duas influências fundamentais podem ser apontadas: Santo Tomás de Aquino e Santo Isidoro de Sevilha, bispo este que viveu entre os séculos VI e VII e se tornou referência para a formação da monarquia visigótica na Espanha. Tanto Santo Tomás, do século XIII, quanto Santo Isidoro, que atuou cerca de seiscentos anos antes, notabilizaram-se, em seus escritos sobre política, por defender a **limitação do poder real**.

Santo Isidoro foi bispo de Sevilha durante a monarquia visigótica e está na origem de uma teoria política tipicamente ibérica. Cerca de mil anos antes de Suárez, recolhia em suas *Etimologias* a sentença segundo a qual *"rex eris se recte facias, si non facias non eris"* (*Etim.*, IX, 3), isto é: "és rei se fazes o que é reto; se não o fazes, não o és" (Isidoro de Sevilla, 2004, p. 822, tradução nossa). O rei é legítimo na medida em que obra retamente.

Segundo essa doutrina hispânica, o poder do rei estava limitado pela justiça, pelo direito natural. O rei tirânico, portanto, já não era rei legítimo e, em último caso, poderia ser deposto. Isidoro foi canonizado em 1598, tendo exercido forte influência no pensamento político ibérico da época de Suárez.

Santo Tomás de Aquino, por sua vez, teorizou – séculos adiante de Isidoro – sobre o **direito de revolução**. Em sua obra prima, a *Suma Teológica*, ensina Tomás:

> *O regime tirânico não é justo, porque não se ordena ao bem comum, mas ao bem particular do governante. Consequentemente, não é verdadeira sedição a perturbação de um regime desse tipo, exceto quando isso se faz tão desordenadamente que seus súditos sofram maior dano por conta do distúrbio que do governo do tirano. Pelo contrário, é o tirano o culpado de sedição.* (Tomás de Aquino, IIa-IIae, q. 42, a. 2, ad. 3, tradução nossa)

Para Santo Tomás, o povo tem o direito de depor o rei que, subvertendo o regime – ou seja, buscando seu bem pessoal no lugar do bem comum, fim da sociedade política –, torna-se um tirano. A prudência, contudo, ditará se deve ser feita ou não a revolução, conforme a expectativa de vitória, a participação popular e os riscos de a revolução trazer mais desgraças que a tirania.

4.1.2 Desenvolvimento ibérico da filosofia política tomista

Santo Tomás foi professor da Universidade de Paris e é considerado o maior nome da Escolástica, movimento filosófico que conjugou a filosofia clássica com a teologia cristã. Após um período de declínio, o método escolástico foi renovado em meados do século XVI. Suárez entronca seu pensamento nesse movimento da Segunda Escolástica ou Escolástica Ibérica, que é justamente esse fenômeno de retomada da escolástica na Península Ibérica no contexto da Reforma Católica e do Concílio de Trento, importante concílio da história da Igreja que se reuniu, entre 1545 e 1563, na cidade italiana de Trento.

A Companhia de Jesus, fundada em 1540, adotou oficialmente a filosofia tomista para a formação de seus padres e irmãos. Dessa maneira, foi grande impulsora desse movimento filosófico e teológico. O Padre Suárez adaptou o tomismo para o ensino jesuítico. Contudo, em alguns pontos reveladores de metafísica – como a distinção entre essência e existência –, separou-se de posições clássicas de Santo Tomás.

A Companhia de Jesus foi, juntamente à Ordem dos Pregadores, grande impulsora da escolástica ibérica. De fato, vários jesuítas estão entre seus maiores representantes, frequentemente em debate com os dominicanos. Na Universidade de Coimbra, ao redor do Colégio das Artes – administrado pela Companhia a partir de 1555 –, surgiu o movimento que ficou conhecido como *Escola de Coimbra*, a que pertenceram Suárez e outros autores portugueses e espanhóis que ensinaram naquela cidade, como Pedro da Fonseca (1528-99) e Baltasar Álvares (1560-1630).

Outras escolas se desenvolveram no âmbito da Escolástica ibérica, como a Escola de Braga – ao redor do Colégio de São Paulo, dos jesuítas – e, principalmente, a Escola de Salamanca, cujo maior nome foi o dominicano Francisco de Vitoria (1483/6-1546), conhecido especialmente por suas teorizações sobre a guerra justa, o direito internacional e o direito dos índios americanos (Ruiz, 2002).

Além do Padre Vitoria, podemos citar como referências da escola de Salamanca autores como os dominicanos Domingos de Soto (1494-1570) e Tomás de Mercado (1523/30-1575) e o sacerdote Diego de Covarrubias (1512-77). A escola de Salamanca teve sua produção marcada pelos temas teológicos, jurídicos e econômicos, influenciando significativamente o funcionamento da monarquia hispânica e sua relação com as Índias, isto é, a América castelhana.

No que tange à economia, os escolásticos hispânicos desenvolveram uma teoria do valor, como o agostiniano Martín de Azpilcueta (1493-1586) e o jesuíta Luis de Molina (1535-1600). O economista contemporâneo Joseph Alois Schumpeter (1883-1950) afirma que, nesse momento, ocorreu a fundação da moderna ciência econômica (Schumpeter, 1964).

Se na Escola de Coimbra predominaram os jesuítas, na Escola de Salamanca foram os dominicanos, como Vitoria, que foram mais expressivos. Contudo, leigos e religiosos de outras comunidades, como franciscanos e agostinianos, não deixaram de ter parte no movimento da Segunda Escolástica. Os dominicanos mantiveram, como regra geral, maior fidelidade à doutrina de Santo Tomás de Aquino, que também foi dominicano. Por sua vez, os jesuítas desenvolveram um tomismo próprio, principalmente por meio das obras metafísicas de Francisco Suárez. A esse tomismo ensinado pelos jesuítas chamou-se *tomismo suareziano* ou *suarezismo* (Fabro, 2005).

4.1.3 Fundamentos teológicos da monarquia hispânica

A base filosófica e teológica em que se apoiou a monarquia hispânica e sua expansão na América e nas Filipinas durante os primeiros séculos após os descobrimentos foi o tomismo. Com base nisso, podemos entender melhor a visão geral do mundo que informava os homens e as instituições da monarquia na metrópole e nas conquistas.

A teologia de Santo Tomás se enquadra em uma **perspectiva realista**, em oposição ao nominalismo. Segundo o realismo filosófico tomista, existe uma realidade além de nós, e nossa razão é capaz de conhecê-la. A razão é autônoma em relação à fé, mas ambas estão chamadas a cooperar. A fé nunca é, para Santo Tomás, irracional, mas pode estar acima da razão, sem contradizê-la.

Oposto ao realismo filosófico é o **nominalismo**, o principal rival daquele dentro da Escolástica. Os franciscanos de Oxford foram os iniciadores do nominalismo. Dessa forma, abriram as portas da Escolástica para o subjetivismo e o divórcio entre a fé e a razão. Os agostinianos da época de Lutero ensinavam a filosofia nominalista, e, dessa forma, o nominalismo chegou a tornar-se o substrato filosófico do protestantismo.

O crescimento do protestantismo luterano, ao tempo em que Carlos V reinava na Alemanha e na Espanha, fez do novo movimento religioso o principal inimigo da unidade católica europeia. Como tal, os monarcas espanhóis – a iniciar pelo próprio Carlos V, que era rei de Castela e Aragão e imperador do Sacro Império – assumiram a posição de combater os poderes protestantes. No campo intelectual, as universidades da monarquia dedicaram-se a refutar o protestantismo e suas bases filosóficas e teológicas, defendendo a tradição católica e a doutrina de Santo Tomás.

O protestantismo negava um dos pontos principais da doutrina tomista: a concordância fundamental entre fé e razão. Para Santo Tomás, fé e razão são complementares. Chega o Doutor Angélico (como era conhecido Tomás de Aquino) a diferenciar o conhecimento de Deus que se poderia ter por meio da razão – como explica nas famosas cinco vias (*S. Th.*, I, q. II, a. III), apoiado em Aristóteles – daquele que se poderia alcançar por meio da Revelação de Cristo. Para Tomás, a Revelação não se opõe à razão, mas a ilumina, na medida em que revela dados que a razão, limitada como é contingente e relativo o próprio ser humano, não pode alcançar por si só, mas sendo-lhe revelado, pode reconhecer como verdadeiro e, até certo ponto, entender.

Os dados revelados, segundo a doutrina tomista, nunca contradizem a razão, ainda que a superem. Se Deus agisse irracionalmente cairia em contradição, porque, tendo criado o mundo e as leis gerais que o regem, deve ser compreendido como a própria Razão última, superior à razão dos homens; ademais, se caísse em contradição, não seria Deus verdadeiro. Assim, Santo Tomás chegou a elencar as coisas que nem Deus pode fazer, como criar um círculo quadrado. A teologia, em Tomás, é a reflexão racional sobre os dados de fé; ou seja, com base nos dados revelados, aplica-se a razão e extraem-se as consequências.

Santo Tomás foi responsável pela recuperação de Aristóteles (384 a.C.-322 a.C.) na Europa medieval, em uma época em que apenas os árabes estudavam o Estagirita. A postura de Tomás era de abertura aos filósofos pagãos, árabes e judeus quando encontrasse neles elementos de verdade. Tomás também se aproveitou da Patrística, sobretudo de Agostinho de Hipona (354-430). Aristóteles e Agostinho são os autores mais citados na *Suma Teológica*, que é a maior obra do Doutor Angélico, em que este analisa diversas questões segundo o método das questões disputadas.

É importante notar que, apesar das diversas recomendações pontifícias à filosofia e à teologia de Santo Tomás, o tomismo não é a mesma coisa que a doutrina católica. Existem outras linhas filosóficas e teológicas aceitas dentro do catolicismo.

No tempo de Suárez, entre os franciscanos não faltavam os nominalistas – discípulos de João Duns Scoto (1265-1308) e de Guilherme de Occam (1285-1347), professores na Universidade de Oxford –, que se opunham fortemente aos tomistas. Dessa maneira, é interessante salientar que Suárez, quando abraça a doutrina de Tomás, e ainda quando se afasta dela em algum ponto, não identifica o tomismo com a própria doutrina católica, mas como o melhor caminho para explicar a realidade do mundo e do homem, sobre a base comum da doutrina católica e da revelação.

Francisco Suárez aplicou-se a desenvolver uma teoria política – que é o que aqui mais nos interessa, dentro da obra do jesuíta – com base no quadro realista proposto por Tomás de Aquino. Dessa maneira, a filosofia política do Doutor Exímio não tinha – como não tinha a doutrina do Doutor Angélico em geral – pretensões de originalidade. A reflexão teórica de Suárez não estava descolada das práticas políticas da monarquia ibérica, pelo que, justamente, podemos analisá-lo como representante de uma teoria política do chamado **Antigo Regime Ibérico**, isto é, o regime político tradicional desenvolvido na Península Ibérica, que não se confunde nem com o absolutismo nem com o liberalismo. A reflexão política de Suárez entronca-se, portanto, em uma tradição que remonta à *Política*, de Aristóteles, e à *Cidade de Deus*, de Agostinho de Hipona, obras clássicas do pensamento político pagão e cristão.

4.1.4 Autoridade e bem comum na sociedade corporativa

Nos países ibéricos, a herança medieval permaneceu mais forte que nas demais partes da Europa, especialmente no campo político e cultural.

A prática política ibérica baseava-se num modelo de Monarquia tradicional ou orgânica, de raiz medieval, em que o rei era originalmente, entre os grandes senhores, um primus inter pares. O rei não concentrava as decisões, mas se buscava aplicar o que modernamente se chamou princípio da subsidiariedade, segundo o qual as instâncias de poder mais locais devem em geral resolver as questões de que sejam capazes. Conforme a necessidade, apelar-se-ia a esferas mais altas, que têm assim um papel supletivo, responsabilizando-se por empresas e encargos que fogem da capacidade da família e do município, e administrando a justiça. (Alencar, 2011, p. 3-4)

A estrutura da monarquia orgânica era profunda hierarquicamente, como uma pirâmide com muita autoridade em seu cimo, mas poucos instrumentos efetivos de poder; e, em sua base, muito poder efetivo, apesar de pouca autoridade. "O poder dos senhores locais sustentava a autoridade do rei, que assumia assim a figura de pai, senhor e juiz de todos. Os súditos deviam respeitar e obedecer ao rei como pai, e o rei devia ser justo, solícito e misericordioso para com os súditos como para com filhos seus" (Alencar, 2011, p. 4).

Dessa forma funcionavam os laços de lealdade e de concessão de graças e mercês que distinguiam as relações públicas e privadas entre o rei e seus súditos nas diversas sociedades de corte que, durante o Antigo Regime, desenvolveram-se na Europa e na América (Elias, 2001).

Na América hispânica, como na Europa,

> *a Monarquia tradicional se assentava sobre um paradigma corporativo, como tem salientado um número cada vez maior de historiadores [...]. Esta historiografia aponta para a necessidade de compreender o Antigo Regime ibérico a partir de seus próprios usos e costumes, instituições e práticas. Aplicar, no estudo das sociedades de Antigo Regime, noções próprias da democracia liberal que sucedeu a Revolução Francesa – no caso do direito, a noção de direitos individuais, de fundo racionalista – é condenar-se a não compreender essas sociedades em razão do anacronismo dos conceitos empregados. [...] Esta acusação de anacronismo é a que, no caso do Brasil colonial, fazem os partidários da ideia de Antigo Regime nos Trópicos (Fragoso; Bicalho; Gouveia, 2001) – estribada no paradigma corporativo – aos que defendem a noção de Antigo Sistema Colonial, que parte de uma visão economicista da História.* (Alencar, 2011, p. 4)

No campo do paradigma do **Antigo Regime nos Trópicos**, que tende a explicar as descobertas ultramarinas portuguesas como expansão da fé e do Império, entendendo-as conforme a mentalidade dos homens da época, estão autores reunidos na coletânea *Antigo Regime nos Trópicos* (Fragoso; Bicalho; Gouvêa, 2001), mais ligados à historiografia fluminense.

No campo do paradigma do **Antigo Sistema Colonial**, de fundo estruturalista e continuador da reflexão marxista, que entende a expansão ultramarina como um imperativo de ordem econômica, o autor de maior expressão é Fernando Novais (1979), que seguiu a tradição iniciada por Caio Prado Jr. na Universidade de São Paulo. Esse paradigma foi o dominante durante a segunda metade do século XX no Brasil, influenciando a formação de professores e grande parte dos livros didáticos utilizados nas escolas, sobretudo a partir da década de 1980.

Mais uma vez, tampouco se pode esquecer a profunda influência do ensinamento católico nas sociedades ibéricas.

Segundo a doutrina católica, todos os cristãos, desde que recebem o sacramento do batismo, fazem parte de um mesmo Corpo Místico, que é a Igreja, cuja cabeça é Cristo. [...].

Pelo batismo, o cristão é incorporado ao Corpo Místico de Cristo, tornando-se, por essa identificação com Cristo, um filho de Deus. Diz-se, deste modo, que os batizados são irmãos entre si. [...]

Dessa forma, a Monarquia hispânica, como uma comunidade de batizados, entendia-se como uma sociedade em que a ligação entre seus membros era mais intensa que a mera circunstância de viverem sob o mesmo rei. Suas almas estavam unidas para a eternidade. Esta visão de comunidade política dos batizados é que está na base do fenômeno tipicamente medieval da Cristandade. Por esta via se pode entender que, transpassado o umbral da Modernidade, se falasse ainda de Christianitas minor hispânica para se referir ao império herdado por Filipe II de Espanha. A ideia de império, no caso ibérico como no caso germânico, não se pode entender fora da ideia de Cristandade, que dava ao império um sentido e uma missão.

O paradigma corporativo entende a sociedade pela metáfora do corpo. Membros e órgãos harmonicamente desiguais a compõem. Trata-se de uma sociedade de ordens, os braços do reino. Cada estamento tem suas funções próprias, que cumpre – pela experiência acumulada de gerações, pela tradição – de uma maneira tal que outro estamento não poderia fazer melhor. Esta sociedade não impede completamente a mudança de lugar social, mas simplesmente não vê necessidade nesta mudança. Pelo contrário, a mudança de lugar social pode – sobretudo se se trata de uma mudança brusca, radical, violenta – estorvar a consecução do bem comum, perturbar a paz, entendida como "tranquilidade da ordem", de acordo com Agostinho de Hipona (Civitas Dei, Lib. XIX, 13). (Alencar, 2011, p. 4-5).

O paradigma corporativo procura, nas concepções culturais da época, a imagem que as sociedades do Antigo Regime, na Europa e na América, tinham de si mesmas. Dessa forma, ressalta o entendimento "da sociedade como um corpo, cuja cabeça é o rei. Os diversos membros tinham distintas funções, todas necessárias, mas hierarquicamente ordenadas" (Alencar, 2011, p. 4). A imagem da sociedade como um corpo revela a maneira pela qual os distintos "braços do reino" entendiam-se. Eram distintos hierarquicamente, porém agiam em cooperação para o bem comum do corpo político.

4.1.5 Pacto político, liberdades tradicionais e direito de resistência na monarquia compósita

O paradigma corporativo se assentava, sobretudo, sobre a noção de pacto, exposta pelo jesuíta Francisco Suárez e por outros pensadores. Para Suárez (1965), não se pode justificar o poder político sem o consentimento, ao menos implícito, dos governados. Esse consentimento, essa expressão da vontade dos membros da sociedade, seria expressa em dois momentos.

Em primeiro lugar, os homens concordam em viver em sociedade: esse é o **pacto de associação** (*pactum associationis*) firmado entre as famílias de um lugar. Tal noção é distinta das formulações de Hobbes ou de Rousseau porque parte da ideia de que o homem é naturalmente gregário, que, por sua própria natureza, está chamado a viver em sociedade, não se tratando realmente de uma escolha. O homem já nasce em sociedade, da conjunção de um homem e uma mulher.

O segundo pacto é o **pacto de sujeição** (*pactum subjectionis*), pelo qual a sociedade escolhe um governante, cedendo-lhe a autoridade sobre a sociedade. Por meio do pacto de sujeição se estabelece um regime político e se atribui a uma pessoa (ou grupo de pessoas) a autoridade, sem a qual não há sociedade política. Diferentemente do pensamento liberal posterior, para a doutrina que embasava a monarquia ibérica, o governante não é um mero representante da vontade geral, mas pelo pacto de sujeição se erigia em verdadeira autoridade exterior ao corpo social enquanto respeitasse o pacto (Suárez, 1965).

Com base na noção de pacto, chega-se à de **soberania**. A soberania reside em Deus, Criador do mundo e do homem. Deus, autor da natureza humana, quis que os homens vivessem em sociedade sob uma autoridade. Portanto, dispôs que o povo escolhesse um príncipe, um chefe. O poder do povo e a autoridade do príncipe advêm, assim, da própria natureza das coisas, ou seja, da ordem querida por Deus para o mundo.

Enquanto respeite essa ordem – ou seja, não se insurja contra Deus, não cometa injustiça e iniquidade, não atraiçoe o compromisso com o povo –, a soberania do príncipe será justa e digna de respeito. Dessa maneira, Deus concede a soberania ao príncipe não diretamente, mas por meio do povo, com quem o governante celebra um pacto. Deus continua sendo o fundamento último da soberania, e, se o príncipe desrespeita gravemente o pacto, o povo retoma a soberania.

A doutrina do pacto de Suárez teve indubitável vigência no âmbito das monarquias ibéricas, expressando o que o historiador inglês John H. Elliott (2000) chamou de *monarquias compósitas*. A monarquia hispânica é um dos exemplos, talvez o melhor deles, de uma monarquia compósita, já que o rei de Castela era soberano de diversos reinos e províncias reunidos sob sua coroa.

Cada reino, dentro da monarquia hispânica dos Habsburgo, tinha sua administração própria, e devia ter respeitados seus usos e costumes, expressando assim a ideia do pacto. No caso de Portugal, foi nas

Cortes de Tomar de 1581 que os portugueses aclamaram Filipe II de Castela como Rei Filipe I de Portugal, jurando este, por sua parte, os foros, privilégios e demais franquias do reino de Portugal. Filipe II de Castela, na realidade, comprometia-se a não tornar Portugal uma província da Castela. Estava acordado um pacto entre o povo e o rei.

Os portugueses, quando Filipe III (II de Portugal) ameaçou a autonomia do reino de seu país, levantaram-se em rebelião em 1610 em razão do descumprimento do pacto. Com Filipe IV (III de Portugal) e sua política fortemente centralizadora – comandada pelo ministro e valido conde-duque de Olivares –, política esta contrária à prática política estabelecida na Península, em 1640 a revolta dos portugueses ganhou dimensões maiores e fez-se a Restauração, justificada teoricamente na doutrina de Suárez.

Também a Catalunha levantou-se em rebelião no ano de 1640 contra a política centralizadora, tendo por base teórica os autores do chamado **pactismo catalão**, tradição intelectual que expressava também a noção corporativa tipicamente ibérica das relações políticas e sociais. Entre os principais teóricos dessa corrente, com grande influência na região da Coroa de Aragão, pode-se citar o teólogo franciscano medieval Francesc Eiximenis (1325-1409).

Na América espanhola, as ideias corporativas tiveram papel importante na justificação das revoltas contra a Espanha – invadida por Napoleão – e da emancipação política dos vice-reinos americanos. Na Universidade de São Francisco Xavier de Chuquisaca, na atual Bolívia, estudaram Direito os próceres da independência da região do Prata, entre os quais se destaca Mariano Moreno (1778-1811), que recebeu influência da filosofia política de Francisco Suárez.

O ensino em Chuquisaca estava baseado nesse tomismo suareziano de que já tratamos. Segundo Moreno (2007), tendo Napoleão Bonaparte (1769-1821) afastado o rei legítimo do trono, a soberania voltava ao povo, reunido em *cabildos*, os quais deveriam defender os direitos do Rei Fernando VII. O *cabildo*, órgão do poder municipal, reunia as elites e, quando convocado, o povo da localidade. Diante do rei, representava a autonomia municipal. Então, as elites e os *cabildos* então se dividiram entre os partidários de um regime republicano, os partidários da entrega do trono americano a um parente de Fernando VII – como Dona Carlota Joaquina –, aqueles que preferiam reconhecer a Junta de Sevilha como representante de Fernando VII e outras opções (Lozier Almazán, 2011). Independentemente do desenrolar dos fatos, a justificativa do ato emancipacionista inicial foi a recuperação da soberania popular em virtude do afastamento do rei por um tirano.

As Índias de Castela – isto é, a América castelhana –, bem como Brasil e Portugal, estiveram no contexto de uma monarquia compósita. O conceito elaborado por John Elliott (2000) assume, assim, particular importância para entender o estatuto desses corpos políticos. Na **monarquia compósita**, vários reinos e províncias têm a soberania no mesmo monarca. Isso não quer dizer que esses reinos fossem necessariamente fundidos em um só Estado. A união era pessoal, em razão do rei, que devia administrar cada reino autonomamente, de acordo com os privilégios e usos de cada um.

A monarquia compósita hispânica constituía-se de um mosaico de instituições e práticas que só podiam ser explicadas à luz da formação histórica de cada reino. Portugal se fez independente dessa monarquia hispânica em 1640, mas sua ação não foi estranha ao quadro justificativo dessa mesma monarquia, em que encontramos fundamentalmente a noção do pacto exposta por Suárez (1965). Foi sob a acusação de desrespeito ao pacto que se fez a Restauração. Não se pode compreender a dinâmica da relação entre Castela e as outras partes da monarquia – seja Portugal, sejam os vice-reinos americanos – sem entender os pressupostos da filosofia política que a justificava e que abordamos nos parágrafos precedentes.

(4.2)
CORTES VICE-REAIS NAS AMÉRICAS CASTELHANA E PORTUGUESA

O atual interesse historiográfico pelo estudo da sociedade de corte deve muito ao sociólogo Norbert Elias, que, em 1969, fez aparecer a obra *A sociedade de Corte* (Elias, 2001), aplicação ao mundo cortesão de sua teoria sociológica desenvolvida em *O processo civilizador* (Elias, 1994), republicado também em 1969 e largamente ignorado até então. Para Norbert Elias (1994), a corte é o lugar central do Estado, onde se relacionam o príncipe e os súditos e onde as questões da vida política são postas e decididas de maneira mais ou menos sutil.

Nos anos 1970 e 1980, os historiadores recepcionaram a obra de Elias. Tal aporte causou renovação nos estudos sobre a Europa medieval e moderna, tratada a partir daí como a "Europa das cortes" (Latasa, 2004). No conjunto desses estudos, destacou-se a análise da monarquia hispânica dos Habsburgo, paradigma das monarquias compósitas de que fala John Huxtable Elliott (1990), na qual estava compreendida a América castelhana.

A noção de *monarquia compósita* permite-nos compreender o funcionamento da política na América castelhana do tempo dos Habsburgo, que acontecia ao redor de suas cortes vice-reais. Dentro da Península Ibérica, a monarquia hispânica nascera e se afirmara pela fusão e incorporação de diversos reinos, concomitantemente ao movimento da Reconquista, concluído em 1492 com a expulsão dos muçulmanos de Granada.

No mesmo ano de 1492, Cristóvão Colombo descobria o Novo Mundo sob a bandeira de Castela. Dessa maneira, na sequência da Reconquista na Península, vislumbrava-se a incorporação do chamado *reino das Índias* (Ferreiro, 1981) à Coroa de Castela. As terras americanas, bem como as Filipinas, passaram a compor mais um dos territórios da monarquia, que também incluíam regiões da Itália e dos Países Baixos, além de Aragão.

A conquista castelhana na América deu-se pela incorporação de territórios e de seus habitantes à monarquia. Aceitando os nativos americanos a soberania de Isabel, rainha de Castela, faziam-se súditos desta. Diferente foi o que se passou nas terras americanas, africanas e asiáticas dominadas por ingleses e neerlandeses: entre eles, os nativos das terras encontradas não se tornavam vassalos – e, portanto, objeto da justiça e da misericórdia do monarca, ligados a ele por um compromisso mútuo de fidelidade de tradição medieval –, mas permaneciam alheios, exteriores, cultural e institucionalmente.

Com base nessa perspectiva, pode-se mesmo – problematizando o uso dos conceitos de **colônia de exploração** e de **colônia de povoamento** popularizados no Brasil por Caio Prado Júnior (Monasterio; Ehrl, 2015) – sugerir que seria adequado caracterizar como colônias de exploração aquelas dos ingleses e neerlandeses – nas quais a relação entre metrópole e colônia era substancialmente comercial e privada –, e, para os territórios portugueses e espanhóis, caberia a qualidade de colônia de povoamento.

De fato, os portugueses e espanhóis incorporavam as terras descobertas a seus reinos, tornando seus habitantes súditos de seu rei, fundando cidades e universidades, transplantando instituições e apontando estatutos políticos – estados, vice-reinos, províncias – que, juridicamente, uniam as terras americanas aos reinos europeus. Foi a colonização ibérica uma colonização cuja finalidade era transplantar a civilização europeia aos trópicos.

Entre os ingleses e neerlandeses, a regra era que os próprios estados europeus não se envolvessem diretamente na empreitada, confiando a companhias de comércio privadas um privilégio de atuar em nome dos estados. A iniciativa era privada e fundamentalmente uma iniciativa mercantil. Não havia forte vínculo político, simbólico ou sentimental entre as terras americanas e a metrópole. Quando se alude à *colônia de povoamento* para se referir a regiões americanas de clima próximo ao europeu, em que os colonos se estabeleceram para fundar uma nova pátria, essa iniciativa era fundamentalmente particular, de famílias que fugiam de seus lugares de origem, e não uma iniciativa do poder político europeu correspondente.

Na monarquia hispânica, além dos territórios americanos que constituíam o reino de Índias, outros reinos e senhorios ainda se reuniram sob o rei de Castela, como o de Nápoles – ligado à Coroa de Aragão – e de Flandres. A incorporação de novos reinos à Coroa não significava que esses reinos se transformavam em colônias de Castela. Pelo contrário, a administração de cada reino era autônoma na monarquia compósita, ainda que o rei de todos fosse o mesmo.

Havia conselhos para os negócios de cada reino. Além dos conselhos sediados em Madri, e não podendo Sua Majestade Católica estar presente sempre em todos os seus domínios, eram nomeados representantes para Barcelona, Bruxelas, Nápoles, Lisboa – durante a união das coroas portuguesa e castelhana (1580-1640) –, entre outras cidades, representantes esses que tinham o título de vice-reis, ou seja, eram lugares-tenentes do rei: no reino em que estivessem eram ali iguais ao rei, o próprio rei.

Se para os domínios europeus eram nomeados vice-reis, os novos reinos americanos – conquistados e evangelizados à continuação dos peninsulares, a partir de 1492 – também contaram igualmente com vice-reis. A América contou, inicialmente, com dois vice-reinados: o da Nova Espanha, sediado no México, e o do Peru. O vice-reino da Nova Espanha abarcava as possessões da América do Norte até a Costa Rica e as Filipinas e tinha sede na Cidade do México.

O vice-reino do Peru compreendia domínios sul-americanos, cuja capital era Lima. Mais tarde, já durante o domínio da dinastia francesa dos Bourbon, foram criados os vice-reinos de Nova Granada (1717) e do Rio da Prata (1776). No reino de Portugal, o Estado do Brasil – principado honorífico do Brasil a partir de 1640 — recebeu regularmente vice-reis a partir de 1720; o Estado da Índia recebera seu primeiro vice-rei em 1505.

Nas linhas que seguem, abordaremos as experiências vice-reais na América, dando especial atenção aos casos do México, do Peru e do Brasil. Desvendar a figura do vice-rei americano permite-nos compreender a cultura política americana e a situação jurídica e política das terras da América em relação à metrópole.

4.2.1 O vice-rei na Nova Espanha

O historiador italiano Marcello Carmagnani (2008) dedicou-se ao estudo das formas estatais americanas e suas conexões com as europeias, interessando-se pelo "papel dos atores americanos e não americanos nas políticas dos governantes enviados pela monarquia espanhola na América" (Carmagnani, 2008, p. 65, tradução nossa). Com base em sua análise, relação entre rei e reino nas Américas revelava-se dentro da lógica de governo indireto: um governo que se faz por representação do rei, mediante a concessão de direitos e deveres.

Ser vice-rei na Nova Espanha significava exercer os atributos reais para essa região da monarquia. O exercício dessas funções exigiria certamente do representante real o manejo de situações, a habilidade de afirmar-se e fazer-se reconhecer como o "rei no México". O reconhecimento e a aceitação por parte dos súditos americanos não foram sempre necessariamente fáceis e automáticos: pelo contrário, faz sentido perguntarmo-nos – sustenta Carmagnani (2008, p. 65, tradução nossa) – "como o vice-rei logra construir seus mecanismos de poder".

O vice-reino da Nova Espanha foi instituído em 1535, ou seja, ainda nas primeiras décadas depois da conquista do México. Era atribuição do vice-rei da Nova Espanha mediar interesses conflitantes de elementos índios e castelhanos. Os enfrentamentos entre diferentes instituições do vice-reino – *cabildos*, capitães de conquista, *encomenderos*... – forjavam oportunidades para o lugar-tenente real exercer sua função de pai, juiz e senhor. Pela mediação das forças sociais, mais que pela violência e pela imposição, assegurava-se a autoridade do vice-rei.

Diversas faculdades eram entregues à pessoa do vice-rei: tinha ele a última palavra em matéria de governo, justiça e milícia. Nas cerimônias – e em geral –, a imagem do rei era o vice-rei. Era também ele o governador supremo para as questões internas da Nova Espanha, administrador da justiça e chefe militar. Os primeiros vice-reis enviados para o México receberam conselhos para "ouvir constantemente os índios, vigiar o correto desempenho de todos os tribunais, cuidar dos assuntos religiosos, castigar o excesso dos caciques, visitar a terra" (Carmagnani, 2008, p. 66, tradução nossa).

Se eram muitos os encargos do vice-rei, poucos eram os recursos à sua disposição para cumprir de forma eficaz suas funções. Diante da falta de meios, o vice-rei não dispunha de muitos caminhos além do de reforçar sua condição de imagem do rei.

Apoiado no prestígio real é que se afirmava o vice-rei, a fim de eficazmente governar, desamparado que estava de meios para submeter os súditos americanos. É pela força moral, pelo simbolismo de ser "Rei das Espanhas", que lograva o vice-rei ser acatado e servido. O imaginário que rodeava a pessoa do rei – juiz, pai, pastor, guardião, protetor... – era transferido àquele que fazia as suas vezes na Nova Espanha.

O principal papel do vice-rei era fazer presente o rei entre os súditos distantes. É compreensível que não tivesse força além da que vinha do próprio fato de ser representante da cabeça real. Toda a ação que implementava estava limitada e sustentada pela ligação com o legítimo rei espanhol, que era o verdadeiro protagonista.

No cumprimento de sua missão de representação e presença régia, o vice-rei participava de uma série de rituais públicos em que sua função era a de estabelecer a união afetiva entre os súditos e o rei. A harmonia da monarquia hispânica dependia dessa união, dessa proximidade, dessa demonstração de afeto entre o rei pai e os súditos filhos.

A função social da nobreza estamental

A presença vice-real definia o desenho hierárquico da sociedade mexicana. O título de nobreza era, na Nova Espanha e nos outros reinos, necessário para o desempenho de alguns cargos e funções públicas. Outras vezes, a nomeação para certos cargos equivalia à nobilitação. A relação entre nobreza pessoal e familiar e títulos de nobreza no Antigo Regime era complexa. Envolvia o reconhecimento público de atos de nobreza, geralmente de feitos militares e administrativos que comprovassem bravura, honestidade e lealdade ao soberano.

A titulação era entendida como um reconhecimento público das virtudes de determinada pessoa. Atos heroicos e exemplos de virtude deviam ser assim recompensados, servindo, dessa forma, como recompensa social e, também, para a emulação da virtude em todo reino: essa era justificativa da instituição da nobreza estamental no Antigo Regime. Não só o nobre virtuoso era agraciado, mas também sua casa e família. Seus descendentes deviam honrar sua memória e perpetuar seu valor pelo título herdado.

Um adágio conhecido dizia que *sine virtute nulla nobilitas*, ou seja, "sem virtude, nenhuma nobreza", alertando para a invalidade de um título de nobreza a que não correspondesse à virtude pessoal e familiar da pessoa que o usasse. O pensador português António Sardinha (1959), defendendo a instituição da nobreza hereditária em face do liberalismo, diz que, da mesma forma que o industrial exitoso deixa herança para seus filhos, o homem virtuoso nobilitado deve poder deixá-la também; caso contrário, haveria grave injustiça e desprestígio da prática da virtude na nação.

Na concepção e na prática da nobreza hispânica, revestia-se o título de nobreza da noção de reconhecimento social de atos anteriores de nobreza, de virtude. Deve-se notar a circunstância de o estamento dos nobres não ser fechado e inacessível, mas alcançável por atos de heroísmo, para o herói simplesmente – havia nobreza não hereditária – ou para o herói e seus sucessores.

No caso do México durante o governo dos Habsburgo, o reconhecimento da condição de nobre acarretava mudanças substanciais na posição social do beneficiado. As principais fontes de titulação de nobreza na Nova Espanha dos séculos XVI e XVII eram "a ciência, a milícia, o ofício e o privilégio" (Carmagnani, 2008, p. 68, tradução nossa).

Entre os privilegiados, encontramos os fidalgos, os familiares do Santo Ofício, os universitários, os oficiais da casa vice-real e outras categorias. Familiares do Santo Ofício eram aquelas pessoas que, provenientes de diversas camadas sociais, mediante comprovação de que eram descendentes de pelo menos cinco gerações de católicos, além de outras exigências, auxiliavam nas tarefas da Inquisição Real. Nobres de ofício eram, além dos ouvidores e dos oficiais reais, "os magistrados territoriais ordinários (corregedores, alcaides-mores, governadores índios) e delegados (*encomenderos*, caciques)" (Carmagnani, 2008, p. 68, tradução nossa). A nobreza militar, por sua vez, era composta de capitães e capitães-mores, e a nobreza douta é a de que participavam os doutores e outros acadêmicos graduados. Havia nobres espanhóis e indígenas não só na Nova Espanha, mas também em outros domínios. No Brasil, houve nobilitação de indígenas e de negros; entre os negros, podemos citar o caso do mestre de campo Henrique Dias, a quem foi concedido foro de fidalgo e o hábito de cavaleiro da Ordem de Cristo, o primeiro degrau da nobreza portuguesa (Mattos, 2006).

A entrada e a corte

Ritual de extrema importância na Nova Espanha era a entrada do novo vice-rei. O percurso do vice-rei, partindo do litoral até adentrar a Cidade do México, representava um meio de renovar o compromisso entre a cabeça do reino e os membros, entre o rei e as instituições sociais da Nova Espanha. Outras cerimônias tinham objetivo similar: os funerais do rei, a ascensão de um novo rei, a procissão do estandarte real. Em todas essas ocasiões, o vice-rei era a imagem viva do rei.

Na cerimônia da entrada, o vice-rei começava seu percurso visitando Veracruz – sede do primeiro *cabildo* –, passando depois por Tlaxcala – nação colaboradora de Cortés contra os astecas –, Puebla – primeira cidade fundada por castelhanos, em 1531 – e Otumba – em que ocorreu a vitória final contra os astecas.

Ao longo do percurso, as distintas corporações que formavam a sociedade mexicana recepcionavam o vice-rei, imagem viva do rei, dispensador de mercês, mecenas das letras, artes e ciência.

A autoridade do vice-rei afirmava-se perante a nobreza e toda a sociedade pelos rituais públicos e pelo mecenato.

A corte ao redor do vice-rei tinha um papel fundamental, como na Europa, de vincular o representante régio e a nobreza do lugar. O principal mecanismo que facilitava esse vínculo era a função de conselho. O bom governante era o que escutava os corpos sociais, o que pedia auxílio e conselho, o que se cercava de pessoas doutas e capazes. A função de conselho podia ser exercida tanto oficialmente – "com os ouvidores na Real Audiência, com os oficiais reais na Junta de fazenda e guerra, com o arcebispo e as ordens religiosas e com os índios no Juízo dos Índios" (Carmagnani, 2008, p. 71, tradução nossa) – quanto informalmente.

Todos os súditos, por meio de seu estamento, deviam ter a oportunidade de se fazer ouvir pelo representante do rei. A função de conselho, no entanto, não ia além do que o próprio nome indica, isto é, não envolvia decisão final: o responsável era sempre o vice-rei, que devia agir prudentemente e, por isso, ouvir conselhos, mas que, no limite, decidia de acordo com o que pessoalmente lhe parecesse o mais justo e adequado, assumindo toda a responsabilidade.

4.2.2 A corte vice-real peruana

Independentemente do debate sobre o estatuto político dos vice-reinos americanos, ao vice-rei do Peru, em razão da distância da metrópole, eram concedidos amplos poderes, garantindo de fato grande autonomia na administração de seu vasto território. Tal postura coaduna-se com a política imperial dos Habsburgo – também chamados de *áustrias* por serem originalmente os arquiduques da Áustria – de descentralização política e administrativa.

Com relação à seleção dos vice-reis peruanos, informa-nos a historiadora Pilar Latasa (2004, p. 346, tradução nossa) que "os vice-reis da época dos Áustrias, em sua maioria filhos segundos de grandes famílias nobiliárquicas espanholas, viajavam à América rodeados de uma corte de criados entre os quais havia alguns nobres".

Os vice-reis eram responsáveis por designar oficiais para muitíssimos cargos administrativos, o que lhes permitia conquistar lealdades para o governo. Sabemos que nem sempre era fácil a aceitação da autoridade de um novo vice-rei nas Índias. Dessa maneira, também pela concessão de cargos afirmava o representante seu poder real de dispensar favores e prover funções.

Dois grupos principais lutavam pelos favores do vice-rei: de um lado, os membros de seu pessoal e família – devendo-se lembrar que, no Antigo Regime, entrar para uma família não significava necessariamente ter o mesmo sangue –, seus criados e achegados; de outro, os representantes da elite crioula, espanhóis nascidos na terra americana. A concessão de favores era uma consequência do patronato próprio do Antigo Regime: criava-se um vínculo de lealdade entre o senhor e o criado, ou entre o que concede e o que recebe, com responsabilidades para os dois lados.

Sendo o vice-rei a cúpula do governo no Peru, não governava, contudo, sozinho. Seu poder era limitado pela ação de outras instituições, entre as quais se podem citar a audiência e o tribunal de contas, ou os *cabildos* e os consulados.

A audiência era o órgão judicial na monarquia hispânica. A Audiência de Lima foi instalada no ano de 1543, tornando-se o mais alto tribunal da Coroa nas Américas. O consulado, por sua vez, era o órgão que reunia os comerciantes e defendia os interesses deles. Muitas vezes, essas entidades tinham contato direto com o rei. Dessa maneira, contrabalanceavam o poder do vice-rei.

Flávio L. Alencar

Todo esse mecanismo de instituições e privilégios se inseria na lógica da monarquia corporativa, em que, em uma pirâmide social, a base tem muito poder e pouca autoridade, e o cume tem muita autoridade e pouco poder. A autoridade devia cuidar da ordem social, sendo a cabeça do corpo, responsável por dirigir e moderar. Contudo, quem agia, quem tinha o poder de fato, eram os pés e as mãos, braços e pernas que trabalhavam e detinham a força.

Na concepção corporativa da sociedade do Antigo Regime hispânico, pés, mãos e cabeça deviam estar harmonicamente compostos, de modo que nem os pés e as mãos trabalhassem contra a cabeça, nem a cabeça tentasse concentrar em si as funções dos membros. Sem os membros agindo, a cabeça era inútil. Sem cabeça que dirigisse, os membros entrariam em conflito e causariam sua própria destruição.

As entradas e outras festas públicas em Lima eram ocasião de disputas entre as corporações por lugar de honra e destaque, muito embora houvesse um protocolo que determinasse o lugar de cada uma. A etiqueta e o protocolo, junto à noção de honra, eram fundamentais para o funcionamento da corte vice-real.

Festas de especial importância eram – além da entrada do vice-rei na capital no início de mandato – a procissão do estandarte real no dia do santo padroeiro da cidade – no caso do Peru, o dia 6 de janeiro, festa de Reis Magos, fundação da cidade de Lima –, a Solenidade de *Corpus Christi*, as festas por beatificações e canonizações.

Como era o comum nas cidades espanholas, também em Lima o urbanismo refletia o sistema político da monarquia. Ao redor de uma grande praça, no centro da cidade, encontravam-se o palácio vice-real, a catedral, o palácio do arcebispo e outros prédios de importância (Holanda, 1995).

4.2.3 O Rio de Janeiro vice-real

Além de Lima e da Cidade do México, e posteriormente, Buenos Aires e Santa Fé de Bogotá, também o Rio de Janeiro foi sede de um vice-rei nas Américas. O período vice-real durou de 1763 a 1808, quando, com a Família Real portuguesa, chegaram ao Rio de Janeiro a Rainha Dona Maria I e o príncipe do Brasil Dom João, que, mais tarde, tornou-se o Rei Dom João VI.

Conforme a historiadora brasileira Maria Fernanda Bicalho (2009, p. 375), refletir sobre "o período anterior ao da chegada da corte bragantina ao Rio, quando a cidade já era sede do vice-reinado", permite compreender a sociedade e a cultura política do Antigo Regime, conceitos como *corte* e *vice-reinado* e as experiências vice-reais nas monarquias ibéricas e em domínios ultramarinos.

Tal como no caso dos vice-reinos da Coroa de Castela nas Índias, o vice-rei no Brasil criava nova dignidade e institucionalidade para esse território da monarquia. Nos trópicos, o vice-rei assumia a figura de *alter ego* do rei, e a cidade em que se instalava passava a ser a "cabeça" do território. O Rio de Janeiro foi "cabeça" do Estado do Brasil a partir de 1763.

Vice-rei do Brasil entre 1779 e 1790, Dom Luís de Vasconcelos e Sousa, terceiro conde de Castelo Melhor, foi responsável por uma série de mudanças urbanísticas na cidade do Rio de Janeiro, que lhe permitiram, de certa maneira, demonstrar sua condição de capital, de refletir sua capitalidade. No período de Dom Luís de Vasconcelos, houve intervenções urbanísticas, por exemplo, no Largo do Carmo – onde hoje se encontra o Largo do Paço ou Praça XV de Novembro – e na Lagoa do Boqueirão, que se localizava perto dos Arcos da Lapa.

Cidade capital era aquela em que se instalava o rei e sua corte, ou seja, onde estava a cabeça do reino, que era o rei. *Alter ego* do rei, também o vice-rei por sua presença instituía capitalidades, e o Rio de Janeiro era onde vivia e de onde mandava o vice-rei do Brasil. Importava urbanizar o Rio para que sua imagem refletisse o que de fato era: a cabeça do Estado do Brasil.

Dessa forma, Dom Luís de Vasconcelos mandou construir o Passeio Público. Deve-se notar como, no Antigo Regime, os símbolos e a aparência exterior revestiam-se de sentido especial: o uso de certas vestes, de insígnias, de elementos arquitetônicos em casas senhoriais, tudo devia refletir realidades não visíveis, como eram as hierarquias sociais, e o uso indevido desses **símbolos** merecia sanção e castigo. O vice-rei naturalmente desejava refletir a importância da cidade na sua aparência.

Na monarquia portuguesa, a figura do vice-rei do Brasil deve ser comparada com a do vice-rei do Estado da Índia. Na Índia, o vice-reinado foi uma instituição, sem dúvida, mais influente e poderosa que no Brasil, tendo sido o primeiro vice-rei da Índia nomeado ainda em 1505. O primeiro governador-geral do Brasil foi nomeado apenas em 1549.

Os vice-reis indianos tiveram um poder de ação muito maior do que o de seus congêneres brasileiros. Conforme Maria Fernanda Bicalho (2009, p. 384), "embora a instituição do ofício de vice-rei da Índia tenha se baseado no propósito de atribuir aos governantes daquele Estado uma dignidade quase real, o mesmo não se deu em relação aos governadores-gerais e vice-reis do Estado do Brasil, cuja jurisdição era muito mais limitada".

A sociabilidade cortesã na capital do vice-reino do Brasil ficou registrada em relatos de recepções, festas e cerimônias reais que aconteciam no Rio de Janeiro. Em 1786, o casamento do príncipe Dom João e da infanta espanhola Dona Carlota Joaquina mereceu grandes comemorações no Rio de Janeiro. Desfile de carros alegóricos no Passeio Público recém-inaugurado, tríduo no Mosteiro de São Bento, procissões, saraus e óperas foram alguns dos eventos promovidos. Entre todos os presentes, o lugar de destaque e proeminência – o lugar central – era o do vice-rei, *alter ego* que era de Sua Majestade Fidelíssima.

A importância da figura dos vice-reis nos territórios continentais e nos domínios ultramarinos revela um campo aberto para a compreensão mais aprofundada das relações entre Europa e América no Antigo Regime. Deve-se recordar que a figura do vice-rei não existia apenas nas regiões extraeuropeias da monarquia hispânica. Durante o período dos Habsburgo, houve vice-reis não apenas na Cidade do México e em Lima, mas também em Bruxelas, Palermo, Milão, Nápoles e Lisboa. A figura do vice-rei é um ponto fulcral para o estudo evolução do estatuto político do Novo Mundo em relação às monarquias ibéricas.

Síntese

- A monarquia hispânica assentava a legitimidade nas bases de uma filosofia política que, herdeira da tradição de Aristóteles e Santo Tomás de Aquino, foi condensada na chamada *Escolástica Ibérica*. Essa filosofia política, que não se confunde nem com o absolutismo nem com o liberalismo moderno, teve como um de seus principais representantes o jesuíta Francisco Suárez.
- A sociedade hispânica na Europa e na América era marcada por ideais de hierarquia e de bem comum, que, na concepção própria dessa sociedade, eram princípios relacionados, uma vez que a hierarquia e a autoridade deviam ter como fim o bem comum de toda a sociedade.

Flávio L. Alencar

- A administração monárquica dos Habsburgo caracterizava-se pela diversidade de instituições e leis para cada um dos reinos e das entidades políticas que compunham seu império. Nesse contexto, tinham grande importância os conselhos que auxiliavam o rei no governo de seus diferentes reinos.
- O conceito de monarquia compósita, elaborado pelo historiador John Elliott, ajuda a explicar o funcionamento da monarquia hispânica. Na monarquia compósita, vários reinos e províncias têm a soberania no mesmo monarca, mas não se fundem em um só Estado. Pelo contrário, conservam suas leis e tradições próprias, que devem ser respeitadas pelo monarca.
- Durante o período da dinastia de Habsburgo, as cortes vice-reais americanas foram lugares privilegiados de representação do rei em meio a seus súditos do México e do Peru e se revestiam de grande importância para o estabelecimento da nobreza local, para as relações políticas em geral e, também, para o elo afetivo entre rei e súditos na monarquia.

Atividades de autoavaliação

1. A teoria política de Francisco Suárez foi muito utilizada para embasar teoricamente a:
    a) independência dos Estados Unidos, em 1776.
    b) criação da ONU, em 1945.
    c) Revolução Francesa, em 1789.
    d) independência de Portugal, em 1640.
    e) Revolução Bolchevique, em 1917.

2. Dos enunciados seguintes sobre o tomismo e a escolástica, qual **não** está correto?
   a) Santo Tomás é a maior referência do pensamento escolástico.
   b) O realismo tomista opõe-se ao nominalismo dos franciscanos de Oxford.
   c) Para o tomismo, fé e razão devem cooperar na busca da verdade.
   d) Para o tomismo, o poder do rei é absoluto e está acima da moral.
   e) O tomismo floresceu na monarquia hispânica durante os séculos XVI e XVII.

3. As capitulações eram documentos:
   a) com base nos quais os chefes indígenas americanos se submetiam aos europeus.
   b) com os quais o papa reconhecia aos reis europeus o direito de evangelizar.
   c) pelos quais os reis castelhanos concediam direitos de governo aos navegadores.
   d) em razão dos quais os integrantes de uma expedição dividiam suas tarefas.
   e) pelo quais os imperadores astecas nomeavam governadores.

4. O órgão real destinado primariamente a aconselhar o rei sobre os assuntos da América era:
   a) o Conselho das Índias.
   b) a Casa de Contratação de Buenos Aires.
   c) o Supremo Tribunal da América.
   d) a Audiência do México.
   e) a Comissão para o Desenvolvimento da América.

5. Nas Índias de Castela, foram sedes de vice-reino, durante o período dos Habsburgo:
   a) Caracas e Lima.
   b) Buenos Aires e Caracas.
   c) Cidade do México e Lima.
   d) La Plata e Cidade do México.
   e) Lisboa e Nápoles.

Atividades de aprendizagem

Questões para reflexão

1. A dinastia de Habsburgo notabilizou-se pelo estilo de governo em que as diversas regiões da monarquia tinham muita autonomia para ter as próprias leis e costumes e em que o rei era auxiliado por diferentes órgãos de aconselhamento para tomar decisões para cada um de seus domínios. Em sua opinião, essa seria a maneira mais prudente de governar um império diverso? Ou um regime centralizado seria mais eficaz e justo, uma vez que trataria a todas as regiões segundo as mesmas leis, sem privilégios reconhecidos?

2. A filosofia escolástica, especialmente a de Santo Tomás de Aquino, foi muito influente até o século XVII, mas, em seguida, entrou em declínio, até ser recuperada na segunda metade do século XIX pelo Papa Leão XIII, inspirando diversos filósofos e teólogos no século XX, como Jacques Maritain, Étienne Gilson e Antonin-Gilbert Sertillanges. Você conhece as bases da filosofia tomista e em que ela se distancia da filosofia moderna

e pós-moderna? Que aportes você considera que o tomismo poderia trazer para nosso pensamento contemporâneo também no âmbito da política?

Atividade aplicada: prática

1. Durante o período dos Habsburgo, a arte americana desenvolveu-se bastante. Para conhecer um pouco da música e da pintura hispano-americana desse período, busque na internet (YouTube e Spotify, por exemplo) referências do barroco colonial hispano-americano, em que se conjugam influências indígenas e espanholas. Você pode começar pela seguinte canção, composta no século XVI pelo compositor Hernando Franco: "Dios Itlazohnantziné" (Oración en Náhuatl a la Virgen de Guadalupe, 1599).

CAPÍTULO 5
As reformas borbônicas
na América

Com a vitória dos Bourbon sobre os Habsburgo na Guerra da Sucessão Espanhola, a monarquia hispânica passou a experimentar mudanças radicais na vida política e social. Tais mudanças, levadas a cabo pelos diversos reis da dinastia de Bourbon, ficaram conhecidas, consequentemente, como *reformas borbônicas*. De modo geral, o intuito delas foi de transformar a monarquia hispânica em um país similar à França e à Inglaterra, em política e economia. A administração foi centralizada, à maneira do moderno absolutismo francês, e o progresso econômico passou a ocupar a posição central das atenções da Coroa.

As reformas borbônicas iam de encontro a profundas tradições, usos e costumes arraigados na Espanha metropolitana e também nos vice-reinos ultramarinos. Encontrou resistência dos povos do império tanto quanto das autoridades locais. A tentativa de modernizar a Espanha resultou em transformações radicais na estrutura política e na mentalidade social, fragilizando as relações entre Castela e as Índias, o que contribuiu para as independências americanas.

O plano das reformas abrangeu praticamente todos os âmbitos da política hispânica. As maiores mudanças aconteceram nas duas últimas décadas do século XVIII, sob o estímulo régio de Carlos III, que governou de 1759 a 1788. Cada uma das reformas foi planejada com atenção, de acordo com **espírito racionalista** que as inspirava. Algumas mudanças substanciais foram alcançadas e, de fato, as reformas marcaram para sempre a sociedade espanhola, porém entre essas mudanças estavam algumas que provocaram novos problemas. Quando, em 1808, o Rei Fernando VII foi aprisionado por Napoleão Bonaparte, a fragilidade das reformas borbônicas na América ficou claramente exposta, precipitando os movimentos de independência.

Neste capítulo, analisaremos as mudanças teóricas e práticas advindas da ascensão dos Bourbon ao trono da Espanha. Naquele momento, o paradigma teórico dos escolásticos da Escola de

Salamanca foi alijado, em benefício de uma prática política absolutista mais próxima do modelo francês. Analisaremos o contexto das reformas borbônicas e as principais medidas adotadas no âmbito administrativo, militar, religioso e cultural.

(5.1)
Guerra da Sucessão Espanhola e ascensão dos Bourbon

Em virtude da guerra pela sucessão espanhola, os Habsburgo foram alijados do poder em Castela e Aragão, razão pela qual uma nova dinastia, de origem francesa, passou a reinar na Espanha: os Bourbon.

A chegada dos Bourbon significou não meramente uma mudança de casa real, mas um profundo câmbio de mentalidade e administração. Os Habsburgo fizeram-se notar por um modo de governar que buscava respeitar a diversidade das regiões de seu império, cada uma das quais governava segundo costumes e tradições locais, apoiados em conselhos e corporações. Os Bourbon, por sua vez, implementaram um governo centralizador e moderno, trazendo elementos do absolutismo régio.

Uma série de reformas políticas e administrativas foram implementadas após a chegada dos Bourbon ao poder na Espanha. Essas reformas ficaram conhecidas como *reformas borbônicas* e envolveram mudanças administrativas, políticas, militares, religiosas e culturais na América castelhana. O lastro intelectual dessas ideias está na mentalidade centralizadora, de tipo moderno, que os Bourbon trouxeram da França. Tratava-se de uma nova concepção de estado, ligada às **ideias iluministas e racionalistas**, combinadas ao **absolutismo régio e estatal**.

A primeira leva de reformas foi realizada pelo Rei Filipe V, restritas a rearranjos administrativos. Essas reformas administrativas permitiriam, posteriormente, reformas de âmbito mais ousado. Nesse segundo momento, as reformas atingiram os campos político e militar sob o governo de Rei Carlos III, por um lado, centralizando o poder de forma inédita na história da Espanha e, por outro, reorganizando as forças armadas, em um contexto em que os ingleses haviam invadido possessões espanholas e era necessária uma resposta militar imediata.

Para melhor conhecer a situação dos territórios da monarquia, foi organizada uma visita geral em 1765, realizada por José de Gálvez. A visita de Gálvez, que produziu diversos informes enviados ao rei, permitiu à administração central de Madri ter um conhecimento menos inexato da realidade americana. Com base nesses relatórios, ficou claro para o governo central que se deveria realizar a reforma da administração na América, bem como aumentar a produção econômica das minas e da agricultura.

José de Gálvez chegou ao México em 1765 e permaneceu como visitador na América até 1771. A posição de visitador de Gálvez colocou-lhe em atrito com as autoridades locais, a quem se permitia fiscalizar. Sua visita geral teve o propósito de ser os olhos e os ouvidos do rei na América, sobrepassando frequentemente os poderes do vice-rei. Recebeu, no ano seguinte ao seu retorno, os títulos de marquês de Sonora e visconde de Sinaloa.

Para compreender o ímpeto reformador dos Bourbon, é necessário lembrar que a mentalidade política e administrativa deles era tipicamente moderna, centralizadora de tendências racionalistas. Para os Habsburgo, por outro lado, a descentralização era a norma: concebiam o governo como uma pirâmide, em que a base, espalhada pelos quatro cantos do império, em contato com as realidades mais diversas, resolve as próprias questões segundo as especificidades locais, apelando aos níveis mais altos da pirâmide do governo apenas quando fosse necessário ou útil. O rei, no alto da pirâmide, governava por meio de conselhos dedicados a cada uma das partes do império, tão diferentes entre si. Os Bourbon mudaram essa concepção ao concentrar as decisões no rei e em sua burocracia imediata.

Durante o período de José de Gálvez como visitador na Nova Espanha, produziram-se as mudanças mais radicais na administração da América, refletindo, deste lado do Atlântico, as reformas borbônicas que mudavam também radicalmente a Espanha. O poder dos vice-reis foi consideravelmente diminuído, tendo sido criadas as intendências (ver Seção 5.2.1, à frente). Por esses e outros mecanismos, a administração da América saía das mãos das autoridades locais e passava crescentemente à burocracia central madrilenha, que agia em nome do rei.

Também foi realizada uma inspeção militar, comandada entre 1764 e 1767 pelo Marechal Juan de Villalba. A invasão inglesa a Cuba em 1762 persuadiu a coroa sobre a necessidade de melhorar a defesa americana e, até mesmo, de estabelecer um exército profissional permanente na América, substituindo as antigas milícias. Criou-se um exército permanente, com guarnição nas cidades mais importantes, e se construíram novas fortificações, segundo um plano estratégico elaborado pela administração central.

(5.2)
REESTRUTURAÇÃO ADMINISTRATIVA

As reformas borbônicas buscaram, no campo administrativo, formar uma burocracia profissional, nomeando funcionários de carreira para os cargos militares e civis. Foi estabelecido um vencimento fixo por função no lugar das antigas bonificações e benefícios variáveis.

Ao nomear burocratas de carreira, buscava-se aumentar a capacidade profissional da administração pública, que anteriormente era ocupada por homens que haviam recebido cargos em regime de concessão, os quais eram de forma geral pouco afeitos às ideias reformistas. A quantidade de soldados e funcionários espanhóis que chegou à América foi tão grande que se poderia falar de "reconquista da América" por parte dos Bourbon.

Apesar do ímpeto renovador, as reformas borbônicas geraram reação negativa na América, por distintos motivos. Nem as autoridades nem a população locais estavam acostumadas a um controle externo mais rigoroso como o que se inaugurou com a aplicação da mentalidade administrativa borbônica nos vice-reinos americanos. Os vice-reis foram os primeiros a manifestar objeções à nova administração, uma vez que seu poder foi limitado pela criação de novas estruturas, que receberam o nome de *intendências*. Por outro lado, as elites *criollas* perderam prestígio e foram preteridas na designação de cargos em favor de funcionários vindos de Castela.

5.2.1 AS INTENDÊNCIAS

O poder dos vice-reis, esvaziado, foi para novas estruturas políticas – as intendências. Os intendentes atuavam em âmbito provincial, tendo representado a imposição da nova ordem borbônica. As intendências eram instituições de origem francesa, tal como a nova dinastia que governava a monarquia hispânica. O regime de intendências foi aplicado a todas as regiões da Espanha e, em seguida, estendido à América. Por meio das intendências, as jurisdições se tornavam menores e, consequentemente, passava a ser mais fácil controlar a arrecadação tributária. Os intendentes receberam a responsabilidade de coletar impostos, dirigir as forças armadas e fomentar a economia regional.

No campo econômico, os intendentes lograram, de forma geral, aumentar a produção, mas, nos campos político e social, a convivência com as antigas autoridades locais e regionais, bem como com o povo e os chefes indígenas, fez-se crescentemente difícil.

Os intendentes encarnavam uma mentalidade moderna de governo, eminentemente econômica e impessoal, à qual não estavam acostumados os povos da monarquia hispânica. Da mesma forma, aumentou o aparato estatal, com a multiplicação de responsabilidades. O novo modelo administrativo gerou grande tensão entre os povoadores da América, mesmo que seu êxito tenha sido pouco, prejudicado que foi pela ignorância sobre os limites de jurisdição de cada um dos novos órgãos e as disputas que daí surgiam.

5.2.2 Vice-reino do Rio da Prata

Em 1739, criou-se o vice-reino da Nova Granada, separado do vice-reino do Peru e conformado pelos territórios que hodiernamente correspondem a Colômbia, Venezuela, Equador e Panamá. Contudo, foi durante o reino de Carlos III, que durou de 1759 a 1788, que as renovações políticas borbônicas atingiriam novo patamar, transformando efetivamente as relações entre a metrópole e o ultramar.

Sob a estratégia de controle mais efetivo dos territórios da monarquia, foi criado, no rio da Prata, um novo vice-reino, no ano de 1777, conformado pelo território dos atuais Argentina, Paraguai, Bolívia e Uruguai. A nova entidade política foi instituída em um contexto em que se fazia necessário controlar o contrabando existente no porto de Buenos Aires. Com a criação do vice-reino, com capital em Buenos Aires, o porto da cidade passou a sofrer efetivo controle, com arrecadação de impostos.

Tanto o vice-reino da Nova Granada, que abarcava o norte da América do Sul, quanto o do Rio da Prata surgiram como partes desmembradas do vice-reino do Peru, gerando, consequentemente, queixa dos limenhos, que perderam não apenas prestígio político, mas também recursos econômicos. A habilitação do porto de Buenos Aires acarretou o declínio do porto do Callao, diretamente controlado por Lima.

A criação do vice-reino do Rio da Prata foi antecedida, em 1776, pela abertura oficial do porto de Buenos Aires, o qual já funcionava anteriormente de maneira clandestina, sem controle sobre as mercadorias que por ali chegavam e que dali eram escoadas para destinos diversos. O contexto da abertura do porto e da criação do vice-reino era o de reformulação das relações entre metrópole e territórios ultramarinos, conforme as reformas borbônicas.

Esses movimentos políticos e administrativos enquadravam-se em uma preocupação mais ampla sobre a segurança das regiões ultramarinas da monarquia. Ao criar o novo vice-reino, a coroa alterou sensivelmente o equilíbrio geopolítico do continente. A costa atlântica, anteriormente dominada por Portugal, passava, agora, a contar com maior atenção por parte dos castelhanos, com a instalação de uma capital em Buenos Aires.

Poucos anos antes da criação do vice-reino do Prata, em 1763, o Rio de Janeiro tornou-se a capital do Brasil; ou seja, os portugueses passavam a representar maior ameaça à presença castelhana no Prata, em momento em que era ainda disputada a região entre as duas potências ibéricas. Dessa forma, a criação do vice-reino do Prata reordenou o equilíbrio geopolítico na região ao estabelecer uma base firme dos castelhanos contra os portugueses na costa atlântica da América do Sul.

Flávio L. Alencar

Isso também mudou o equilíbrio geopolítico continental na América castelhana, uma vez que Lima perdeu ainda mais prestígio e poder, abrindo mão de vez de sua hegemonia. O vice-reino do Peru viu-se também prejudicado pela inclusão da região do Alto Peru – a atual Bolívia – no novo vice-reino. Isso significou que os recursos fiscais oriundos das minas de Potosí passavam a ser controlados por Buenos Aires.

A criação do vice-reino do Rio da Prata, em suma, mudou sensivelmente o eixo de poder na América castelhana, com relativo desprestígio de Lima e da costa pacífica em benefício de Buenos Aires e da costa atlântica. A dinastia borbônica assumiu como um desafio a defesa e o desenvolvimento da costa atlântica, planejando-se expedições geográficas e científicas e a exploração e a defesa da Patagônia.

(5.3)
Defesa e forças armadas

Em 1762, os ingleses tomaram Havana, em Cuba, e Manila, nas Filipinas. Essa invasão precipitou, no governo de Carlos III, a ideia da reforma militar como maneira de salvaguardar o império contra os permanentes adversários ingleses e também contra outras nações que poderiam ameaçar sua integridade.

Uma inspeção militar geral foi levada a cabo pelo Marechal Juan de Villalba, que chegou à Nova Espanha em 1764 com os cargos de comandante-geral e inspetor-geral de todas as tropas veteranas e de milícia de infantaria e cavalaria. O marechal chefiava uma comissão real cujo propósito era inspecionar e reformar o sistema de defesa americano.

Vieram com o comandante quatro marechais de campo, seis coronéis, cinco tenentes-coronéis, dez sargentos-maiores, além de centenas de tenentes, sargentos, cabos e soldados. Trouxe também um regimento de infantaria para a América com instruções para converter as milícias tradicionais em um exército moderno. Uma frota, comandada pelo marquês de Casinas, contava com nove embarcações. A inspeção militar de Juan de Villalba logrou analisar a defesa das grandes cidades e formar um exército permanente na América, algo que, já mais de duzentos anos depois do início da colonização, ainda não havia sido feito porque não era considerado necessário até o momento em que os ingleses conseguiram invadir Havana e Manila. Após o fim de sua missão, o Marechal Juan de Villalba retornou à Espanha, em 1767, com o cargo de capitão-geral da Andaluzia (Ozanam, 2008).

Como resultado das reformas borbônicas na área da defesa americana, logrou-se a criação de uma **forte armada**, com embarcações militares construídas e equipadas na Espanha, sem que se recorresse a outras nações, como era a prática até então. Embora a indústria espanhola não tenha alcançado o mesmo êxito que a inglesa e a francesa – modelos que a política borbônica queria imitar para a vida espanhola como um todo –, o desenvolvimento militar gerou estaleiros, fundições e indústria têxtil, entre outras iniciativas produtivas.

O investimento em guerra e defesa foram muito elevados, e o exército passou a ser mais hierarquizado. Na América, o estabelecimento de um corpo militar permanente visava conter os ataques estrangeiros e o contrabando, além de controlar rebeliões e distúrbios populares, que se tornavam cada vez mais frequentes. Os exércitos dos vice-reinos mais antigos e prestigiosos – isto é, da Nova Espanha, com capital na Cidade do México, e do Peru, com capital na cidade de Lima – tornaram-se bastante numerosos e passaram a ser dirigidos por militares de carreira, vindos da metrópole.

5.3.1 Rebeliões americanas: Túpac Amaru II

No decorrer do século XVIII, diversas rebeliões aconteceram na América castelhana, expressando o descontentamento do povo e das elites americanos para com a política borbônica. Entre as revoltas mais famosas esteve a chefiada por Túpac Amaru II, que ficou marcada como a maior rebelião social na América castelhana contra as medidas absolutistas da nova dinastia. Ocorrida entre 1780 e 1782, foi severamente reprimida pelos Bourbon, mas a figura de Túpac Amaru II se manteve como memória de resistência no Peru e em toda a América.

Nascido com o nome de José Gabriel Condorcanqui, Túpac Amaru II era descendente de imperadores incas e, na sociedade do Antigo Regime hispânico, reivindicava que sua posição e sua origem fossem reconhecidas, como acontecia, de forma geral, durante o período dos Habsburgo, cuja política buscou integrar as elites indígenas no complexo sistema peninsular de nobreza e privilégio. Com a nova política borbônica, mais impositiva e unilateral, Túpac Amaru II levantou-se em defesa das tradições locais e da cultura ancestral andina.

Em fins do século XVIII, a situação social era sofrível na América, e as reformas borbônicas acentuaram dramaticamente a sensação de opressão. Túpac Amaru II não rechaçava a monarquia e o rei hispânicos, mas pedia mudanças substanciais na política que vinha sendo adotada, particularmente quanto à relação com o corregedor e ao tributo indígena. Educado como nobre pelos jesuítas no Real Colégio de S. Francisco de Borja de Cusco, dedicado à nobreza inca, e reconhecido cacique, era um intermediador entre os indígenas e o governo espanhol.

De toda forma, Túpac Amaru II não foi um líder apenas dos indígenas: entre seus seguidores havia representantes de todos os setores sociais, incluindo *criollos* e, até mesmo, espanhóis peninsulares que viviam no Peru, além de escravos africanos e da população livre e mestiça. Apoiado em sua herança imperial, Túpac Amaru II representava um protesto da sociedade peruana como um todo contra a política da dinastia francesa.

A ação de Túpac Amaru II esteve baseada em um plano de operações e propostas de mudança das relações entre as autoridades da nova dinastia e a sociedade tradicional peruana, mas o desenvolvimento dos protestos levou a radicalizações e violência. Túpac Amaru II passou a pregar que se recusassem a obedecer e pagar tributos aos administradores vindos da metrópole e que, entre os espanhóis, se respeitassem apenas os sacerdotes (Núñez Jiménez, 1994).

Túpac Amaru II chegou a ser aclamado rei, com o sugestivo título de "Dom José I, pela graça de Deus, inca, Rei do Peru, de Santa Fé, Quito, Chile, Buenos Aires e continentes dos mares do Sul, Duque da Superlativa, Senhor dos Césares e Amazonas, com domínio no grande Paititi, Comissionado e Distribuidor da piedade divina, pelo Erário sem par etc." (citado por Núñez Jiménez, 1994, p. 211, tradução nossa). A área englobada no título de Túpac Amaru II correspondia aproximadamente à extensão máxima do antigo império inca.

A escalada da revolta provocou massacrante resposta das autoridades borbônicas. Em menos de um ano, Túpac Amaru II havia conseguido pôr em xeque o domínio borbônico no Peru e na América, mas foi capturado, em meados de 1781, com grande parte de sua família. Foram submetidos a interrogatórios severos e, em seguida, cruelmente executados em praça pública.

Não obstante a morte de Túpac Amaru II, a revolta não terminou, uma vez que um primo de Túpac, Diego Cristóbal Condorcanqui, tomou a liderança do movimento, expandindo-o até controlar grande parte do território da atual Bolívia e regiões do Chile e da Argentina. Diego

Túpac Amaru – que adotou o sobrenome de seu primo – foi capturado pelos borbônicos em 1783 e, após processo sumário, sofreu execução.

A brutal morte de Túpac Amaru II pretendeu ser exemplo que evitasse novos levantes na sociedade americana contra o domínio borbônico. É de se notar que esses levantes, normalmente, não se dirigiam contra a monarquia hispânica nem, ainda menos, contra a Igreja e a religião, mas contra a política da nova dinastia francesa dos Bourbon e seus funcionários.

(5.4)
Igreja e religião

No campo religioso, as reformas borbônicas foram marcadas pelas progressivas tentativas de controle da coroa sobre a Igreja. Em 1767, os jesuítas foram expulsos da América, medida que se explica pela forte tendência absolutista dos Bourbon. Os jesuítas eram tradicionalmente considerados um perigo para o crescimento do poder régio, não só por sua obediência direta ao papa, mas, principalmente, pelas incidências políticas e jurídicas de sua reflexão teológica e filosófica.

A organização dos povos guaraníticos do Paraguai é um exemplo eloquente da capacidade de ação dos jesuítas. Os "povos das missões" chegaram a ser comparados com uma república guaranítica praticamente independente das autoridades borbônicas (Lugon, 2010). A atividade jesuítica entre os índios era considerada lesiva ao absolutismo político e ao progresso econômico.

Por outro lado, a coroa preocupava-se sobremodo com a educação que os jesuítas ministravam às elites crioulas e aos filhos dos caciques nos colégios urbanos, pela qual difundiam ideias contrárias ao absolutismo. A influência da Companhia de Jesus na formação da sociedade americana chegava a todos os seus setores e, ademais, contavam os jesuítas com poderoso estofo econômico, como fazendas e redes de comércio, que garantiam sua independência frente ao poder político. Diversos autores jesuítas, entre os quais Francisco Suárez e Juan de Mariana, defendiam doutrinas que justificavam a resistência e a oposição ao poder régio quando se revelasse tirânico, postura em razão da qual haviam sofrido severas represálias em países como França e Inglaterra, país em que diversos jesuítas foram martirizados durante o regime dos Tudor (Mann, 2007). Na Espanha e em Portugal, os regimes mais próximos ao absolutismo – o do ministro Pombal, sob Dom José I, em Portugal, e os reinados borbônicos, na Espanha – buscaram dificultar a atividade dos jesuítas até chegar a expulsá-los de seus territórios.

A **expulsão dos jesuítas** da América levou ao exílio diversos sacerdotes e religiosos, que, apesar de nascidos no continente americano, já não podiam permanecer em sua terra em razão da condição que tinham de membros da Companhia de Jesus. Tal como a expulsão dos jesuítas do Brasil, ordenada em 1759 por Dom José I de Portugal, o exílio dos jesuítas hispânicos acarretou graves prejuízos para a educação geral e para a defesa dos direitos dos índios na América castelhana.

O tratamento de outras ordens religiosas não foi, em geral, tão duro quanto o dispensado aos jesuítas, porém a diretriz da política eclesiástica dos Bourbon foi a de controlar a atividade da Igreja, evitando maior conflito quando essa dominação não enfrentasse resistência (ver Seção 5.6). As ideias modernas sobre o poder político absoluto levaram os Bourbon a reivindicar o controle sobre a Igreja, à semelhança do que ocorria nos países luteranos.

(5.5)
ECONOMIA E FINANÇAS

Um dos objetivos primordiais das reformas borbônicas era alcançar o aumento da arrecadação fiscal. Fomentou-se a criação de uma burocracia profissional, estável e bem remunerada, conjuntamente com a formação de um exército profissional que assegurasse o controle do contrabando. A recuperação dos mercados permitiu o aumento da arrecadação de impostos de tal forma que a situação financeira da coroa melhorou sensivelmente.

Os recursos aumentaram também pela melhora da indústria mineira e pelo controle mais rígido das taxas aduaneiras de exportação. O movimento ascendente da economia hispânica no período permitiu sustentar as inovações aplicadas e consolidar a política de reformas da dinastia borbônica.

Do ponto de vista fiscal, as reformas borbônicas levaram a que os tributos passassem a ser cobrados diretamente por funcionários da coroa, e não mais por agentes privados sob regime de concessão. Os impostos foram aumentados. As indústrias e as atividades agrícolas que pudessem competir com a metrópole foram proibidas. Apesar do livre-comércio no império, o aumento dos impostos e as restrições à produção geraram crescente desagrado entre as populações americanas.

5.5.1 MINERAÇÃO

O declínio pelo qual havia passado, em momento anterior, a indústria da mineração da prata na América levara mais de um século. A política borbônica de reativação da atividade mineira alcançou considerável sucesso. A extração da prata, que havia sido grande fonte de recursos até entrar em decadência, retomou seu lugar de destaque na economia da monarquia hispânica, contribuindo também para o sucesso financeiro da política borbônica. Houve novos descobrimentos de jazidas, e os incentivos fiscais e os créditos disponíveis naquele momento permitiram sua exploração, fomentando um ciclo de crescimento econômico do setor.

Na região da Nova Espanha, a produção de prata cresceu de tal modo que chegou a quadruplicar durante esse período. Em 1792, foi fundada uma escola de minas com especialistas em mineralogia formados na Europa. Os investimentos em pesquisa e tecnologia, que foram consideráveis, explicam o sucesso da mineração no México. No Peru, a recuperação não foi tão expressiva, mas não deixou de existir.

5.5.2 Extinção do sistema de frotas

No campo da economia e do comércio, outra medida tomada no contexto das reformas borbônicas foi a eliminação do sistema de frotas das Índias, que, desde o século XVI, era o padrão de intercâmbio entre a Espanha e a América. Nesse sistema, a cada ano, duas frotas zarpavam de Sevilha em direção à América: uma para Veracruz (no atual México) e outra para Cartagena das Índias (atual Colômbia), Nombre de Dios e Portobelo (no atual Panamá). Ambas as frotas se encontravam, em seguida, em Havana, de onde voltavam juntas para a Espanha. A partir de 1679, Sevilha perderia o privilégio em benefício de Cádis, mas o sistema continuaria praticamente inalterado, deixando de existir apenas em 1776.

O sistema de frotas das Índias tinha como objetivo defender as embarcações de ataques de piratas ingleses e funcionou por duzentos e cinquenta anos. Com seu fim em 1776, os navios passaram a cruzar os mares desacompanhados, conforme estivessem prontos para partir. A volta dos assaltos de piratas ocasionou desabastecimento na América. A abertura do comércio entre os portos hispânicos – entre as Antilhas, Peru e Nova Granada e, posteriormente, Nova Espanha –, apesar de permitir melhor abastecimento, provocou protestos dos comerciantes locais.

5.5.3 Comércio

A política borbônica, em seu ímpeto renovador e centralizador, tinha como objetivos reverter o declínio econômico espanhol e deter a ameaça militar e comercial estrangeira sobre seus territórios. O sistema de monopólios, de matriz mercantilista, viu-se reforçado pela transferência da Casa de Contratação de Sevilha para Cádis, onde já estava instalado o porto único de saída para as Américas.

A modernização da economia, em consonância aos marcos do mercantilismo, mas com aberturas de tipo liberal, recebeu estímulo com a decisão do Rei Carlos III de promulgar, em 1778, um novo regulamento para o comércio entre a Península e a América intitulado *Reglamento y Aranceles Reales para el Comercio Libre de España a Indias*.

O **novo regulamento de livre-comércio** pretendeu fazer crescer a atividade econômica fomentando maior circulação de bens entre os territórios da monarquia, além de fazer aumentar a arrecadação de tributos ao abrir novos portos tanto na Espanha quanto na América: 13 portos espanhóis e 27 americanos passaram a estar habilitados para o comércio na monarquia.

A mudança drástica nas relações de comércio que provocou a abertura dos portos hispânicos não deixou de levar a conflitos entre os representantes da coroa e os antigos controladores do comércio que se beneficiavam com os circuitos mercantis tradicionais. No primeiro momento, os tributos arrecadados subiram, mas, logo em seguida, arrefeceu-se o comércio intercontinental em razão de fatores internos e externos, como a guerra com a Inglaterra a partir de 1796 e o bloqueio do porto de Cádis pelos ingleses no ano seguinte.

(5.6)
Expulsão dos jesuítas

Uma das medidas mais características do novo momento filosófico e político que emergiu com a chegada dos Bourbon ao trono espanhol foi a expulsão dos jesuítas de todos os territórios da monarquia hispânica, decretada em 1767 pelo Rei Carlos III. Os jesuítas já haviam sido expulsos do Brasil em 1759 e das possessões francesas na América em 1762. Havia, na Península Ibérica, mais de 2.600 religiosos da Companhia de Jesus, e a mesma cifra nas Índias.

A expulsão dos jesuítas impulsionou o poder régio de diversas maneiras. Em primeiro lugar, calou a voz dos principais opositores ao absolutismo, que ensinavam, nas universidades, as doutrinas sobre o direito natural clássico e sobre a justiça da resistência popular ao governo tirânico. Em segundo lugar, permitiu ao rei maior controle sobre a Igreja, uma vez que os bispos e as outras ordens religiosas não tinham a mesma independência material de que gozavam os jesuítas. Por fim, o confisco das propriedades dos jesuítas contribuiu consideravelmente para o aumento do erário régio.

Na América castelhana, todas as regiões sofreram sensivelmente com a proscrição da Companhia de Jesus, especialmente no setor educativo e no atendimento espiritual aos indígenas. Na Espanha peninsular, os colégios jesuítas foram, em grande parte, cedidos a outras ordens ou aos bispos, que instalaram neles seminários. Uma vez que grande parte dos professores universitários na Espanha e na América eram jesuítas, a expulsão deles deu oportunidade a uma reforma do ensino, submetendo-o de forma mais firme à tutela régia e diminuindo, assim, a liberdade acadêmica.

A expulsão dos jesuítas revestiu-se de especial dramaticidade na região do Paraguai, onde estavam instaladas diversas reduções indígenas sob responsabilidade dos jesuítas, ao que alguns chegaram a comparar a uma república cristã guaranítica (Lugon, 2010). Entre 1753 e 1756, os guaranis já se haviam levantado em guerra contra portugueses e castelhanos, quando, após o Tratado de Madri de 1750, algumas das reduções foram forçadas a realocar-se. Por força desse tratado, celebrado em Madri pelos reis Dom João V de Portugal e Fernando VI de Castela, definiram-se as fronteiras americanas das duas potências ibéricas.

O projeto das reduções não foi originalmente uma ideia dos jesuítas, mas uma política da monarquia, que, dessa maneira, buscava substituir as *encomiendas*, criticadas por missionários e funcionários da coroa como fonte de abusos de colonos *encomenderos* contra os indígenas. Pelas reduções, formar-se-iam aldeias permanentes com o objetivo de introduzir os indígenas à civilização de tipo europeu.

As **reduções jesuíticas** tornaram-se célebres porque a forma de vida ali fomentada levou a uma grande independência delas em relação ao governo da coroa. A vida nas reduções assemelhava-se mais à vida religiosa de um mosteiro ou convento, dividindo-se o tempo em orações, estudo e trabalho. O vínculo formado entre os indígenas, os caciques e os jesuítas fortaleceu-se a ponto de essas reduções representarem uma ameaça ao poder político, especialmente após o advento da dinastia dos Bourbon.

Após os diversos reveses sofridos pelas reduções jesuítas dos guaranis a partir de inícios do século XVIII, o golpe definitivo aconteceu em 1767, com a proscrição da Companhia de Jesus de todos os territórios da monarquia. O processo de perseguição e de expulsão dos jesuítas foi duríssimo, com instruções, assinadas pelo próprio rei, que determinavam a morte do governador se dentro de sua jurisdição permanecesse algum jesuíta (Iraburu, 2003).

A operação foi encomendada pelo conde de Aranda, primeiro-ministro do rei e promotor das ideias maçônicas, ao marquês de Bucareli, nomeado governador de Buenos Aires. No dia 22 de julho, os esquadrões de cavalaria estacionados no rio da Prata deram cumprimento à expulsão dos jesuítas da região.

No México, os jesuítas foram uma das ordens religiosas mais empenhadas na evangelização do território, com presença marcante, junto aos franciscanos, na região da Califórnia. Uma vez determinada a expulsão da Companhia de Jesus, decidida pelo conde de Aranda em nome do Rei Carlos III, o vice-rei Carlos Francisco de Croix teve de iniciar o processo.

Em 24 de junho de 1767, o vice-rei do México, diante de altos funcionários civis e eclesiásticos, abriu um envelope selado no qual as instruções eram terminantes: "Se depois de que se embarquem [em Veracruz] se encontrar nesse distrito um só jesuíta, ainda que enfermo ou moribundo, sofrereis a pena de morte. Eu, o Rei". Enviadas as mensagens oportunas a todas as missões, foram os missionários apresentando-se ao longo dos meses. Os jesuítas, por exemplo, que vinham da longínqua Tarahumara se cruzaram, em meados de agosto, com os franciscanos que lhes iam substituir nesse local – como também se ocuparam das missões abandonadas na Califórnia e em outros lugares –, e informaram-lhes de tudo que lhes pudesse interessar. Chegados à Cidade do México, obtiveram autorização para visitar antes de sua partida o santuário de Nossa Senhora de Guadalupe. O povo apertava-se para saudá-los na pousada em que estavam concentrados. O jesuíta polonês Sterkianowsky escreveu: "Parece incrível o entusiasmo com que vinham a visitar-nos da Cidade do México. Se quisesse exagerar, não o conseguiria". Pouco antes do Natal [...], unidos a outros jesuítas que vinham da Argentina e do Peru, "partiram enfermos e tristes, abandonando para sempre o Novo Mundo. Saíram da América para viver e morrer no desterro, longe de suas queridas missões e de seus filhos e filhas, seus neófitos". (Iraburu, 2003, p. 114, tradução nossa)

Quanto às reduções na América do Sul, a expulsão dos jesuítas levou-as ao declínio e ao desaparecimento. Nos anos imediatamente seguintes a 1767, as reduções resistiram precariamente, sob diversas formas, sendo os jesuítas substituídos por sacerdotes seculares ou por outras ordens religiosas, frequentemente menos preparados. Nas décadas seguintes, a decadência das reduções foi-se expandindo até o colapso total durante as guerras de independência.

(5.7)
Afrancesamento das elites

A expulsão dos jesuítas revela o processo intelectual de mudança de paradigma pelo qual passou a Espanha durante o século XVIII, período que coincide com sua decadência econômica. Naquele momento, por influência da nova dinastia francesa dos Bourbon e da crescente disseminação do liberalismo e do enciclopedismo na Inglaterra e na França, a Espanha foi fortemente afetada por uma série de ideologias que visavam alterar as formas tradicionais da sociedade espanhola, adequando-as a um modelo norte-europeu.

Ao passo que os reis Fernando e Isabel e seus descendentes da dinastia de Hasburgo costumavam consultar-se com juristas e teólogos, em um complexo sistema de conselhos e pareceres jurídicos e morais, após o século XVIII, a administração borbônica privilegiou abertamente a separação entre política e moral, instaurando o definitivo **predomínio da política sobre a religião** e, dessa forma, repercutindo as mudanças filosóficas do tempo.

O Ministro Conde de Aranda, que determinou a expulsão dos jesuítas, era partidário da filosofia enciclopedista francesa, tal qual o conde de Floridablanca, José Moñino, que recebeu seu título nobiliárquico por ter arquitetado, como embaixador de Carlos III junto à Santa Sé, a supressão total dos jesuítas em 1773. De fato, nesse ano, o Papa Clemente XIV foi convencido a extinguir canonicamente a Companhia de Jesus, pelo breve[1] *Dominus ac Redemptor.*

O chamado *antijesuitismo* era uma parte fundamental do complexo de ideias que progressivamente dominou o século XVIII espanhol, vindas principalmente da França e, logo em seguida, da Inglaterra. Para os iluministas, os jesuítas representavam a defesa da religião cristã e o freio ao poder político concentrado, dois adversários do projeto enciclopedista de "despotismo esclarecido".

Com base em uma perspectiva marxista, Enrique Dussel (1994, p. 32, tradução nossa) afirma:

> *O século XVIII trouxe, com os Bourbon na Espanha e com similar estado de espírito em Portugal, uma nova estruturação da sociedade, agora mais dependente do capitalismo industrial anglo-saxão. A outrora hegemônica Espanha dos metais preciosos, no momento do capitalismo mercantil, passa a agora a ser colônia ou âmbito periférico da "central" França ou Inglaterra. Isso supõe um novo bloco histórico no poder e, por isso, uma nova ideologia dominante, uma nova filosofia. O que acontece é que, se Espanha e Portugal nos séculos XVI e XVII haviam podido ocupar na filosofia escolástica igualmente um lugar preponderante, na filosofia da burguesia nascente – tanto no empirismo inglês como no iluminismo*

---

1 *Um "breve" é, como o próprio nome diz, um tipo de documento pontifício menos longo que uma bula.*

continental – Espanha e Portugal passam a ocupar um lugar secundário. Se isso sucede com os países metropolitanos hispano-lusitanos, quão maior não será a dependência filosófica das colônias periféricas ibéricas?

A máquina a vapor, que representou o surto industrial da Inglaterra, levou a estabelecer uma diferença econômica fundamental entre os países que primeiro puderam adotar essa novidade e os que apenas retardatariamente chegaram à época industrial. O sucesso econômico serviu de lastro para o prestígio e a influência filosóficos. Como análise, afirma Dussel (1994, p. 33-34, tradução nossa):

> *Pela primeira vez, nos países centrais do capitalismo industrial [...], a máquina de Watt começa a aumentar a produtividade, designando a Espanha e Portugal o lugar de países semiperiféricos do capitalismo que vende produtos manufaturados. A América Latina transforma-se – como já se disse – "em periferia de um país semiperiférico" e, portanto, se instala aqui uma oligarquia comercial, que propaga sua própria ideologia. Essa ideologia própria se confronta com a ideologia e filosofia que os jesuítas sustentavam. Existiu assim uma "luta ideológica" pela hegemonia; essa é a causa da inexplicável expulsão da América de 2.200 jesuítas. Filosoficamente é uma ruptura gigantesca; esses jesuítas significam a própria essência da estrutura do ensino da filosofia na América Latina. [...] A irrupção do Iluminismo é, mais que ilustração ou pensamento empírico inglês, uma filosofia que se articula com a ideologia de uma burguesia industrial dos centros industriais da Europa [...]. Esta nova filosofia dá por suposto o mundo colonial: colonialismo que vai significar muito maior extração de riquezas. Tudo isso põe a América Latina em uma situação de suma exploração, e daí a resposta popular, dos índios com suas grandes rebeliões, centenas delas, até a de Túpac Amaru, e, unidos a eles, os criollos, que começam a emancipar-se da concepção borbônica de colônias.*

Referindo-se aos jesuítas e aos escolásticos, sobre filosofia política que embasava a monarquia tradicional como a da época dos Habsburgo, esclarece Dussel (1994, p. 33, tradução nossa):

> *a revisão da filosofia colonial é uma das exigências de nosso tempo [...] porque a reconstrução do nosso passado, ultrapassando a visão parcial de liberais e conservadores, pode fazer-nos vislumbrar uma história ideológica do ponto de vista dos oprimidos, encontrando aliados em muitos setores do pensamento que acreditávamos inteiramente aliados da reação.*

Como se pode concluir, o afrancesamento das elites foi um processo que, tal qual o nome indica, consistiu em progressivo distanciamento das elites espanholas com relação às tradições políticas sociais de seu país. A admiração pela França e outros países europeus, acompanhada do menosprezo pelas raízes tradicionais ibéricas, foi apontada por autores de variadas tendências – como o citado Dussel (1994), marxista, bem como pelo tradicionalista Ramiro de Maeztu (2017), em sua *Defensa de la Hispanidad* – como uma das características marcantes do período de decadência da Espanha e do mundo ibérico em geral a partir do século XVIII.

Síntese

- Com a vitória dos Bourbon sobre os Habsburgo na Guerra da Sucessão Espanhola, a monarquia hispânica mudou de dinastia e também, radicalmente, seu tipo de política e administração. Tais mudanças políticas e administrativas, levadas a cabo pelos diversos reis da dinastia de Bourbon, ficaram conhecidas, consequentemente, como *reformas borbônicas*.
- O intuito das reformas borbônicas foi, de modo geral, transformar a monarquia hispânica em um país similar à França e à Inglaterra,

centralizando a administração, à maneira do absolutismo, e priorizando o progresso econômico sobre a tradição política e cultural.
- Diversas rebeliões aconteceram na América castelhana no século XVIII, manifestando o descontentamento do povo e das elites americanos para com o absolutismo borbônico. A maior delas foi a revolta de Túpac Amaru II, que ocorreu no Peru entre 1780 e 1782 e foi severamente reprimida.
- No campo religioso, as reformas borbônicas foram marcadas por diversas tentativas de controle da coroa sobre a Igreja. Em 1767, os jesuítas foram expulsos da Espanha e da América por ordem do Rei Carlos III.
- Por conta do domínio da nova dinastia francesa dos Bourbon e da crescente disseminação de ideologias como liberalismo e do enciclopedismo na Inglaterra e na França, as elites políticas e sociais da Espanha foram fortemente influenciadas, razão pela qual surgiu um forte movimento de abandono das tradições culturais e intelectuais espanholas em benefício da emulação de modelos norte-europeus.

Atividades de autoavaliação

1. A Guerra da Sucessão Espanhola opôs as pretensões ao trono espanhol das seguintes dinastias:
   a) Bragança e Hasburgo.
   b) Habsburgo e Bourbon.
   c) Hohenzollern e Bourbon.
   d) Wittelsbach e Bragança.
   e) Stuart e Bourbon.

2. O seguinte evento despertou de modo especial a preocupação da dinastia borbônica com relação à defesa militar da América:
a) Invasão de Cuba pelos ingleses em 1762.
b) A independência dos Estados Unidos em 1767.
c) A conjuração baiana em 1789.
d) A invasão holandesa do Brasil em 1637.
e) A Revolução Inglesa de 1688.

3. No século XVIII uma instituição nova foi criada para a administração política da América. Qual era essa instituição?
a) Os cabildos.
b) As audiências.
c) Os conselhos.
d) As intendências.
e) Os partidos políticos.

4. No século XVIII, foram criados os seguintes vice-reinos:
a) Novo Rio e Granada do Prata.
b) Novo México e Rio da Prata.
c) Nova Lima e Rio Amazonas.
d) Nova Toledo e Rio Grande.
e) Nova Granada e Rio da Prata.

5. Do ponto de vista intelectual, a dinastia de Bourbon procurou, principalmente, substituir a influência da seguinte instituição, que chegou a ser proibida, em 1767, na Espanha e na América:
a) Grande Oriente da Espanha.
b) Real Academia Espanhola.
c) Companhia de Jesus.
d) Grande Loja Nacional da Espanha.
e) Real Conselho da Suprema Inquisição.

Flávio L. Alencar

Atividades de aprendizagem

Questões para reflexão

1. A dinastia de Bourbon buscou adequar a Espanha à realidade política, social e cultural de países como França e Inglaterra, considerados mais adiantados. Consequentemente, mudou também a relação com os territórios ultramarinos, passando a predominar o controle centralizado e a preocupação econômica. Em sua opinião, a modernização promovida pelos Bourbon surtiu efeito a longo prazo? O caminho do desenvolvimento político, social e econômico deve ser único para todos os países ou cada nação deve buscar um desenvolvimento baseado em suas próprias raízes culturais e históricas?

2. A filosofia escolástica, especialmente a de Santo Tomás de Aquino, foi muito influente até o século XVII, mas, em seguida, entrou em declínio, até ser recuperada na segunda metade do século XIX pelo Papa Leão XIII, inspirando diversos filósofos e teólogos no século XX, como Jacques Maritain, Étienne Gilson e Antonin-Gilbert Sertillanges. Você conhece as bases da filosofia tomista e em que ela se distancia da filosofia moderna e pós-moderna? Que aportes você considera que o tomismo poderia trazer para nosso pensamento contemporâneo, também no âmbito da política?

Atividade aplicada: prática

1. Por força das reformas borbônicas, os jesuítas foram expulsos da Espanha e da América castelhana em 1767. Dessa forma, as reduções jesuíticas entre os guaranis entraram em crise.

Parte do que restou delas foi declarado Patrimônio Mundial pela Unesco em 1983, incluindo as missões jesuítas guaranis de San Ignacio Miní, Santa Ana, Nuestra Señora de Loreto e Santa Marí ala Mayor (na Argentina) e as Ruínas de São Miguel das Missões (no Brasil). Em 2015, as missões jesuíticas de Moxos e Chiquitos (na Bolívia) passaram a integrar a lista do patrimônio cultural do Mercosul. Para conhecer um pouco mais desses lugares de memória, faça uma visita virtual pelas ruínas de San Ignacio Miní, na Argentina utilizando o Google Streets em:

SAN Ignacio Mini. Disponível em: <https://www.google.com/maps/@-27.2547352,-55.5317901,2a,75y,195.76h,86.54t/data=!3m6!1e1!3m4!1s3pzWK_GM4PZhSbP_ERJDtw!2e0!7i13312!8i6656>. Acesso em: 13 fev. 2020.

É possível visitar outras reduções jesuíticas depois.

Flávio L. Alencar

Capítulo 6
A crise e as independências americanas

A implementação das reformas borbônicas na América iniciou uma crise grave que dispôs as elites e o povo dos vice-reinos americanos contra a Espanha, a monarquia dos Bourbon e seus funcionários. Essa tensão perpassou diversos âmbitos da vida hispano-americana, significando uma crise ao mesmo tempo cultural, religiosa, política e social. A queda da Espanha sob o poder de Napoleão, que afastou os reis de Bourbon e no lugar deles instalou o próprio irmão como Rei José I, representou um ponto de inflexão sem retorno. O exemplo dos Estados Unidos da América – cuja independência ocorreu se deu em 1776 – também inspirou os colonos da América castelhana a considerar o mesmo caminho, além da situação geopolítica, agravada pela presença da dinastia de Bragança no Brasil desde 1808 e a fundação, em 1815, do Reino Unido de Portugal, Brasil e Algarves, império multicontinental com capital na cidade do Rio de Janeiro.

Neste capítulo, analisaremos o fim da monarquia hispânica nas Américas, bem como as independências do Brasil e das antigas colônias inglesas da América do Norte. Esse processo aconteceu em momento histórico marcado pela ascensão do liberalismo na Europa, responsável pela Revolução Francesa em 1789 e por uma série de irrupções políticas que mudaram o mapa europeu no século seguinte, entre as quais uma das mais impactantes foi a ação militar do Imperador Napoleão Bonaparte.

(6.1)
Antecedentes internos e externos da emancipação política nas Américas

É comum explicar a independência das partes americanas da monarquia hispânica por duas causas externas: a independência dos Estados Unidos da América, em 1774, e a Revolução Francesa de 1789. Por um lado, ambos os movimentos representaram eventos históricos de grande influência, por outro, é necessário ter em conta que a dimensão interna da monarquia teve papel de grande peso em sua própria ruína.

6.1.1 Independência dos Estados Unidos e Revolução Francesa

Quando eclodiu a guerra de independência das colônias norte-americanas contra o Reino Unido, a monarquia francesa notabilizou-se como grande aliada dos colonos americanos. Também a Espanha se pôs ao lado dos americanos contra os ingleses, combatendo na Flórida e, temporariamente, ocupando as Bahamas. A rivalidade histórica entre Castela e Inglaterra explica essa participação na guerra, além da perspectiva de banir a presença militar inglesa no continente americano.

A participação da metrópole na guerra foi com certeza notada nos territórios da monarquia hispânica na América do Norte. Os colonos americanos foram alçados à categoria de heróis, louvados por sua vitória contra o poder hegemônico inglês, festejados na Europa e nas demais partes da América. França e Castela congratularam-se com a derrota inglesa e a independência dos Estados Unidos, sem considerar que aquela vitória representava, historicamente, o primeiro passo de uma série de **revoluções inspiradas pelo liberalismo** que ceifaria a monarquia francesa e os vice-reinados castelhanos da América.

Depois da independência dos Estados Unidos, a Revolução Francesa também marcou de forma profunda a mentalidade dos hispano-americanos. Antes mesmo da tomada da Bastilha, a ideologia iluminista já penetrava na América com a divulgação de autores como Voltaire, Diderot, Montesquieu e Rousseau. Essas leituras, trazidas no bojo do contínuo intercâmbio acadêmico e cultural entre Castela e a América, ajudaram a formar nova mentalidade nas elites americanas, preparando-as para a ideia de separação política e imitação da França e dos Estados Unidos.

O mencionado intercâmbio cultural entre as elites dos dois lados do Atlântico hispânico permitiu compreender a extensão da influência que todo o Império hispânico sofreu das ideias iluministas francesas. A crise das independências foi antecedida e preparada por uma crise da consciência hispânica. A influência intelectual do iluminismo minava as bases mais profundas do regime hispânico, e a admiração das elites letradas pelas ideias estrangeiras precipitou uma verdadeira crise nacional, que foi, ademais, acompanhada da decadência econômica e, por fim, da separação americana.

O século XIX começou, para a Espanha, cheio de maus agouros. Os acontecimentos na França vizinha impactaram-na diretamente: a Revolução Francesa prometia espalhar-se pela Europa, e os Bourbon que governavam na França desde 1700 eram também reis na Espanha. Com a elevação de Napoleão, o acosso à Espanha passou a ser constante e aberto, até o imperador designar seu próprio irmão, José Bonaparte, como rei da Espanha, em 1808.

Nesse período, a Espanha encontrava-se economicamente exaurida pelas guerras europeias em que tomara parte. Ao mesmo tempo em que diminuíram as receitas vindas da mineração americana, aumentaram os gastos com a administração pública. Os impostos tiveram de aumentar, causando insatisfação geral. O novo tipo de administração pública imposto pelos Bourbon, de perfil centralizador e uniformizador, diferia profundamente do complexo de sistema anterior, o qual primava pela descentralização e pela variedade regional. Tal mudança impactou profundamente a relação entre o centro e as partes do império.

6.1.2 A decadência espanhola e o desenvolvimento da América

A influência das ideias francesas, o prestígio da experiência norte-americana e a decadência interna espanhola conjugaram-se como fatores primordiais a possibilitar a emergência de uma causa independentista nos territórios americanos da monarquia hispânica. O desenvolvimento político, social e cultural das partes americanas do império, por outro lado, instilou nas elites hispano-americanas a perspectiva de que era chegado o momento de desamarrar-se da decadente Espanha e, adotando a filosofia liberal ventilada pela França, seguir o exemplo de progresso e autogoverno que vinham dando os Estados Unidos.

O exemplo dos Estados Unidos demonstrava a possibilidade real de americanos vencerem militarmente europeus, ditando-lhe condições de paz, e também a capacidade de o Novo Mundo se organizar politicamente de forma autônoma e original. Os exércitos europeus na América eram formados em grande parte por americanos, suscetíveis, portanto, de aderir à causa da emancipação. Economicamente, a grande produção americana de víveres e recursos de toda sorte demonstrava o potencial de automanutenção da América.

Na percepção das elites americanas, a América podia defender-se militar, política e economicamente. Ademais, a ligação com a Espanha vinha representando, desde o século XVIII, apenas o aumento de impostos e a dependência administrativa, por força da política uniformizadora dos Bourbon. Se, no período dos Habsburgo, a variedade de arranjos políticos e legislativos assegurava os privilégios locais e a diversidade cultural, a chegada dos Bourbon ao trono firmou a sensação de que, no império espanhol, o único e absoluto centro de poder era a vila e a corte de Madri (Vianna, 1952).

Durante os primeiros séculos de sua história, os vice-reinos e as demais unidades políticas da monarquia hispânica na América haviam gozado de considerável prestígio. Graças à descentralização política e administrativa do regime polissinodal e corporativo hispânico, atenuava-se, na América como em Aragão e nas outras partes do Império, a sensação de periferia. Locais como a Cidade do México e Lima contavam com um aparato cultural e político que lhes permitia impor-se, em suas regiões, como verdadeiros centros de poder.

Após a queda dos Habsburgo, a centralização absoluta do poder promovida pelos Bourbon não foi capaz de acabar com o prestígio e o desenvolvimento de algumas das instituições locais da América, entre as quais as **universidades**, que crescentemente passaram a abrigar focos de resistência intelectual às tendências absolutistas dos soberanos de Madri. Ademais, apesar da expulsão dos jesuítas em 1767, muito do ensino antiabsolutista deles permaneceu nas universidades. Embora proibidas, obras de autores como o Padre Francisco Suárez, notáveis por sua defesa do direito natural contra o abuso do poder régio, continuaram a influenciar a mentalidade dos juristas americanos, preparando a justificativa da independência em chave tradicional, não abertamente revolucionária (Thibaud, 2010).

Egressos das universidades hispânicas se reuniam, desde meados do século XVIII, em sociedades literárias e científicas que, apesar da diversidade geográfica e cultural, praticamente cumpriram funções sociais similares às das lojas maçônicas, as quais, desde a fundação da primeira delas em Londres, em 1717, passaram a pulular pela França e por toda a Europa, disseminando sua ideologia peculiar e organizando rebeliões políticas. Dessas sociedades literárias normalmente participavam advogados, clérigos e militares.

Os *cabildos*, órgãos do poder local na América castelhana, tiveram um papel fundamental no desenvolvimento da independência em razão de sua função de instância representativa legítima dos súditos americanos do império. Conforme a constituição política da monarquia hispânica, era reservada aos *cabildos* a prerrogativa de representar a vontade dos habitantes de cada localidade diante dos poderes superiores. No momento em que o rei espanhol foi deposto por Napoleão, os *cabildos* entenderam que a legitimidade política retornava a essas assembleias locais (Vianna, 1952).

No campo econômico, era patente o esgotamento do regime de monopólio que há séculos vinha ditando as relações econômicas no do império hispânico. A partir de meados do século XVIII, a industrialização fez aumentar a concorrência de produtos estrangeiros, permitindo também grande avanço e segurança nas viagens marítimas e nas comunicações de maneira geral. A abertura do mundo ao comércio e ao desenvolvimento industrial não incluiu a Espanha e seu império, dissociando ainda mais os interesses da metrópole e os das elites americanas.

Por um lado, os americanos viam as **possibilidades de desenvolvimento comercial e industrial** que se abriam e tinham os Estados Unidos como exemplo de sucesso no Novo Mundo. Por outro lado, os espanhóis europeus, em meio à decadência econômica, aumentavam as cargas fiscais e as restrições ao progresso econômico americano. Todos os produtos americanos deveriam encaminhar-se diretamente à Espanha em navios espanhóis, e todas as manufaturas só poderiam chegar à América por meio de comerciantes espanhóis, mesmo que estes os adquirissem em outros países europeus.

A tensão aumentava exponencialmente. As limitações impostas às regiões ultramarinas do império deixavam de ser mero protecionismo para assumir o caráter de verdadeira opressão econômica. A sensação das elites americanas era de que, afundando-se definitivamente a Espanha, queria a metrópole afundar a América com ela, sugando-lhe os recursos para uma última sobrevida, enquanto, sozinha e liberta dessas amarras, a América hispânica poderia prosperar tanto ou mais que a metrópole e tanto ou mais que os Estados Unidos (Vianna, 1952).

Ao passo que o Brasil abria-se ao comércio internacional com a chegada da Rainha Dona Maria I e de seu filho, o príncipe regente Dom João – aclamado rei em 1816, no Rio de Janeiro –, as regiões castelhanas da América permaneceram na mais estrita prática mercantilista de restrição ao comércio exterior. Durante o reinado de Fernando VI de Castela, o economista Bernardo Ward buscou reformar o comércio na monarquia hispânica, mas – diferentemente do brasileiro José da Silva Lisboa, que logrou inspirar Dom João VI em suas reformas econômicas – não obteve sucesso em sua pregação.

Em 1778, o Rei Carlos III chegou a publicar o *Reglamento y Aranceles Reales para el Comercio Libre de España a Indias*, diploma legal que aumentava o número dos portos abertos ao comércio exterior na Espanha e na América, mas a medida não foi senão paliativa. A prática econômica espanhola era de inspiração mercantilista, refletida na política de porto único: primeiramente o de Sevilha, em seguida, o de Cádis.

Quando refletimos sobre o mercantilismo ibérico, faz-se necessário ressaltar que a mentalidade política hispânica original não era de oposição entre metrópole e colônias: imaginava-se o império como uma pluralidade de entidades políticas, com direitos e deveres diversos, submetidas a um mesmo rei, que a cada uma devia governar segundo suas particularidades. Essas entidades gozavam de diferentes privilégios, conforme sua história e o modo pelo qual passaram a integrar a monarquia. Na península, as duas grandes entidades políticas eram as coroas de Castela e de Aragão. Com o advento dos Bourbon, essas diferenças e esses privilégios foram cancelados, em prol de uma administração centralizada em Castela.

Que apenas os portos de Sevilha e Cádis pudessem comerciar com a América representava um privilégio dessas localidades específicas.

Com o documento de 1778, outros 11 portos peninsulares passaram a ter o direito de comerciar com as regiões americanas, e 24 portos americanos foram abertos também. A justificativa de tais privilégios e restrições era que tal distribuição de funções limitaria a concorrência predatória e favoreceria o bem comum dos povos da monarquia (Vianna, 1952).

6.1.3 Evolução política da Espanha no momento das independências

A emancipação das partes americanas da monarquia hispânica justificou-se de diferentes maneiras, com argumentos às vezes retirados das ideologias políticas modernas, e outras vezes embasados em pressupostos clássicos. De toda maneira, grande impulso para a emancipação americana foram a vacância do trono espanhol após as abdicações dos reis Carlos IV e Fernando VII em 1808 e o consequente controle francês da Espanha.

Antes da abdicação formal, em 1807, Carlos IV foi novamente constrangido por Napoleão Bonaparte a agir militarmente contra seu genro, o príncipe do Brasil Dom João, que governava Portugal como regente em nome da mãe Dona Maria. Em 1808, Napoleão, que já ocupava militarmente a Espanha, com a concordância formal do rei espanhol, mandou reforçar a presença militar nesse país. Uma série de humilhações fez a situação da Espanha se degradar cada vez mais, até a coroação do irmão de Napoleão como José I.

José Bonaparte jurou uma nova constituição, em 1808, em Bayonne, na França, antes de adentrar o território espanhol. Para dar legitimidade à sua aclamação e ao seu juramento, convocou alguns representantes espanhóis que ali serviram para dar aparência de continuidade com a tradição hispânica de aclamação dos reis.

Na constituição jurada, previa-se explicitamente que "os reinos e províncias espanholas da América gozariam dos mesmos direitos da metrópole" (*Constituição de Bayonne*, citada por Vianna, 1952, p. 109).

As promessas de Bonaparte – que, de certa maneira, faziam reviver explicitamente uma realidade política cada vez mais negligenciada durante os governos dos Bourbon – não foram suficientes para impedir o levantamento popular contra seu governo, na Península e na América. Em 1809, instalou-se, em Sevilha, a Junta Suprema, uma instituição de cidadãos que, na ausência forçada do rei legítimo, chamaram-se a si a representação popular, organizando a resistência a José I, que consideravam um tirano.

No ano seguinte, 1810, a Junta Suprema trasladou-se a Cádis. Diversas instituições similares surgiram na Espanha e na América, reunindo cidadãos de cada localidade. Essas juntas, em geral, declaravam fidelidade ao Rei Fernando VII e, com base na doutrina política tradicional hispânica – compendiada por autores como o jesuíta Francisco Suárez, que era ainda estudado nas universidades americanas, apesar da censura promovida pelos Bourbon –, declaravam-se órgãos de soberania popular a fim de conservar os direitos do rei legítimo ausente e resistir ao tirano que ocupava o trono sem direito de governar.

Em Cádis instalou-se um conselho de regência e cortes legislativas que, em 1812, promulgaram uma constituição a qual, por isso mesmo, ficou conhecida como *Constituição de Cádis*. Enquanto os espanhóis promoviam esse movimento, na América, as diversas juntas locais debatiam em que medida a Junta Suprema espanhola tinha superioridade com relação às demais juntas. Com efeito, os habitantes dos vice-reinos americanos não se viam como súditos da Espanha como nação, mas apenas do rei comum que tinham com Castela – naquele momento, Fernando VII. Dessa forma, não havia motivo para as juntas locais americanas se submeterem à Junta Suprema de Cádis.

Em Caracas, surgiu, em 1810, a *Junta Suprema Conservadora de Derechos de Fernando VII*, que abertamente desafiava a pretensão espanhola de governar a América na ausência do rei. O que o nome da junta de Caracas explicitava era a filosofia subjacente às demais juntas locais rebeldes: a fidelidade desses súditos era ao Rei Fernando VII, não aos espanhóis. Nesse momento, em que surgiam os nacionalismos, a atitude das juntas hispano-americanas foi de rechaço a uma posição que poderia significar uma vassalagem de uma nação a outra, algo que seria novidade no direito político hispânico e que prenunciaria a relação que os países europeus passariam a ter com os "protetorados", que, então, começariam a se estabelecer na África e na Ásia, especialmente a partir de meados do século XIX.

Na América, surgiu amplo debate sobre os rumos a serem tomados. Havia conflito entre as autoridades. As circunstâncias e a atitude dos diferentes grupos políticos e sociais mudavam aceleradamente. As juntas locais dividiram-se entre a obediência à Suprema e a autonomia, como foi o caso de Caracas. Não raro foram os próprios *cabildos* que originaram as juntas.

Em Buenos Aires, retardou-se a constituição de uma junta por divergências entre os cidadãos ilustres, alguns dos quais defendiam os direitos da princesa do Brasil, Dona Carlota Joaquina, à Coroa americana, uma vez que era irmã de Fernando VII. A alternativa de pôr Carlota Joaquina à frente dos territórios americanos da monarquia hispânica, que contou com a simpatia da própria princesa, não prosperou porque os ingleses, que viam com preocupação a ideia de criar um grande império unificado na América hispânica, lograram convencer o príncipe-regente Dom João a não apoiar a proposta de sua consorte (Lozier Almazán, 2011). Dom João, contudo, aceitou incorporar a seus domínios a Banda Oriental, isto é, o Uruguai, quando o *Cabildo* de Montevideo o solicitou em 1817.

Em dezembro de 1813, José I renunciou ao trono de rei da Espanha e das Índias, e Fernando VII reassumiu o trono. Contudo, as experiências pelas quais a América passara nesses breves anos desde a vacância do trono pareciam irreversíveis. As juntas locais, em alguns casos, transformaram-se em congressos soberanos.

6.1.4 O DEBATE SOBRE O ESTATUTO POLÍTICO DA AMÉRICA NA MONARQUIA HISPÂNICA

Considerando o debate que surgira entre os americanos sobre sua situação diante da Espanha e diante do rei legítimo, é interessante evocar a discussão mais recente que existe entre os historiadores sobre a evolução jurídica do estatuto político das partes americanas da monarquia hispânica.

A virada do século XVIII para o século XIX foi de significativas mudanças e, também, de grande confusão conceitual, haja vista a quantidade inédita de propaganda política vinda da França e dos Estados Unidos, confundindo as instituições de cada um desses países e as da Espanha e das Índias.

Existe, portanto, um debate entre historiadores e juristas dedicados à história do direito sobre o estatuto político dos territórios americanos na monarquia hispânica. Nessa controvérsia se opõem os que afirmam que o Peru e os outros domínios eram "colônias" – no sentido de um corpo político exterior ao Reino, submetido, sem direitos, cuja razão é unicamente satisfazer as carências econômicas da metrópole – e os que criticam essa visão, afirmando que havia igualdade de direitos entre a América e as regiões da monarquia.

Nesse debate, deve-se levar em conta as especificidades da mentalidade política da modernidade ibérica, diferente das categorias do imperialismo do século XIX, bem como a distinção entre as categorias do direito inglês e as do direito castelhano e também português. Conforme o historiador do direito argentino Victor Tau Anzoátegui (2016, p. 13),

> Os historiadores do período que se prolonga do Descobrimento à Emancipação da América espanhola costumam empregar a palavra "colônia" e seus derivados com frequência, sem aclarar o sentido que lhes dão considerar sua evolução lexicográfica. Convertido em um vocábulo-curinga, serve, adjetivado, para designar o tempo, lugar, modo de vida e situação institucional, como, por exemplo, época colonial, pampa colonial, comida colonial ou cabildo colonial.

Foram as Índias de Castela – isto é, a América castelhana – colônias, reinos ou províncias? Esses territórios foram governados em equilíbrio tênue de centralização e descentralização, dependência e autonomia, pelo que é difícil sua categorização e em razão do que se abre flanco ao debate. Independentemente da extensão concreta da liberdade e da igualdade da América frente à Espanha, diversos autores da história do direito, dedicados ao tema, concluem para adequação do termo *reinos* para tratar dos grandes vice-reinos americanos da época dos Habsburgo (Latasa, 2004).

Entre os autores do século XX que defendem a existência de reinos na América castelhana, estão Antonio Muro Orejón (1971), Alfonso García-Gallo (1964) e Ricardo Zorraquín Becú (1975). Baseiam-se sobretudo nas categorias e discussões contidas nos textos legais e nas obras de juristas americanos e espanhóis anteriores à independência (Tau Anzoátegui, 2016).

A disseminação do termo *colônia* como estatuto político se teria dado como uma transposição indevida de categorias utilizadas para os territórios ingleses na América. A independência dos Estados Unidos, em fins do século XVIII, tornou-se paradigma da separação dos territórios americanos, fonte de propaganda e espelho de termos políticos e jurídicos.

O mais conhecido dos defensores da tese de que "as Índias não eram colônias" foi o historiador argentino Ricardo Levene, que em 1951 publicou um livro sobre o tema (Levene, 1951 – *Las Indias no eran colónias*). Em 1948, a Academia Nacional de la Historia, sediada em Buenos Aires e presidida por Levene, emitiu uma declaração em que, "respeitando a liberdade de opiniões e ideias históricas, sugere aos autores de obras de investigação, de sínteses ou de textos de História da América e da Argentina que queiram evitar a expressão 'período colonial' e substituí-la por 'período hispânico'" (Academia Nacional de la Historia, 1948, p. 315).

Trata-se de uma discussão que, ao longo das décadas finais do século XX e adentrando o século XXI, vem crescendo em importância e atualidade. No caso do Brasil, a discussão não atingiu a mesma amplitude verificada na América castelhana. O historiador paulista Tito Lívio Ferreira (1958) foi o mais conhecido defensor da tese de que é impróprio o uso do termo *colônia* para o Brasil anterior à independência.

Essa linha também foi seguida pelo historiador do direito José Pedro Galvão de Sousa, em sua *História do direito político brasileiro* (1962, p. 31), segundo o qual

> *não existia um estatuto colonial, que colocasse o Brasil em situação de inferioridade jurídica. Além disso, as instituições portuguesas, transplantadas nos trópicos, eram de molde a suscitar entre nós o mesmo sistema de proteção aos direitos e o mesmo regime de liberdades comunais, que vinham sendo praticados no direito histórico lusitano de além-mar.*

O debate sobre o estatuto político dos territórios americanos dos reinos ibéricos continua vigente. Novas perspectivas têm sido trazidas à tona sobre o assunto nas últimas décadas em razão do maior acesso às fontes e da expansão da pesquisa sobre o período colonial, além da maior intercessão entre os estudos de história e de direito.

(6.2)
As independências em movimento

Antes do estalar dos processos de independência, considerável mudança intelectual, preparatória desse movimento, já se vinha gestando. A ação de sociedades secretas de tipo maçônico, em que circulavam ideias de admiração à França revolucionária e ao liberalismo dos Estados Unidos, foi ao encontro da insatisfação local diante da política centralizadora e contrária aos interesses das elites americanas da monarquia. Paradoxalmente, a inspiração dessa política levada a cabo pelos governos dos Bourbon era muito próxima à dos grupos que começavam a conspirar pela independência.

6.2.1 A *leyenda negra* espanhola

Nesse ambiente preparatório, ganhou força a divulgação de versões da história que viam a cultura espanhola como essencialmente oposta ao progresso material e moral, e condenavam a história da Espanha, ao mesmo tempo em que apontavam para a Inglaterra e para a França – e para os Estados Unidos – como modelos de liberalismo e de progresso. Em fins do século XVIII e início do século XIX, a chamada *lenda negra* (*leyenda negra*) espanhola ganhou novo fôlego. Buscou-se justificar as independências com o argumento de que os países ibéricos não cuidaram de desenvolver culturalmente seus territórios ultramarinos e que seu principal esforço foi o de extrair riquezas.

Dessa forma, escritores latino-americanos contribuíram para a tradição da lenda negra espanhola, iniciada por escritores protestantes dos séculos XVI e XVII e potenciada também pelos iluministas franceses do século XVII. Nessa perspectiva, a Espanha representava o atraso, a repressão e a injustiça. Juntamente à lenda negra espanhola, criou-se uma série de mitos sobre o período medieval, os quais, embora desmentidos pela historiografia mais recente, habitam o imaginário de muitos alunos ainda.

De acordo com o historiador alemão Richard Konetzke (1972, p. 313, tradução nossa),

> *Desde as guerras pela independência hispano-americana se sustentou, repetidas vezes, que a metrópole espanhola procurou manter as colônias americanas no isolamento e no atraso culturais para poder melhor dominá-las. A ciência histórica indica, a respeito dessas opiniões, que aqueles que falam da ignorância na América espanhola do período colonial revelam uma ignorância voluntária ou inconsciente. Desde os primeiros tempos da colonização se instituíram no Novo Mundo escolas e universidades similares às que existiam na Espanha e acordes com o sistema educativo então imperante na Europa.*

Em geral, atribui-se ao crítico literário espanhol Julián Juderías a primazia no uso do termo *leyenda negra*, tendo utilizado o conceito em livro publicado pela primeira vez em 1914. O conceito foi por ele definido da seguinte forma:

> *O ambiente criado pelos relatos fantásticos que acerca de nossa pátria viram a luz pública em todos os países, as descrições grotescas que se têm feito sempre do caráter dos espanhóis como indivíduos e coletividade, a negação ou pelo menos a ignorância sistemática de quanto seja favorável e formoso nas diversas manifestações da cultura e da arte, as acusações que em todo tempo se têm lançado sobre a Espanha fundando-se para tal em fatos exagerados, mal interpretados ou totalmente falsos, e, finalmente,*

> *a afirmação contida em livros aparentemente parecer respeitáveis e verídicos e muitas vezes reproduzida, comentada e ampliada na imprensa estrangeira, de que nossa Pátria constitui, do ponto de vista da tolerância, da cultura e do progresso político, uma exceção lamentável dentro do grupo das nações europeias.* (Juderías, 2003, p. 24, tradução nossa)

Depois de *La leyenda negra*, de Juderías, a segunda obra clássica sobre o tema foi publicada em 1943 pelo historiador argentino Rómulo D. Carbia com o título de *Historia de la Leyenda Negra hispanoamericana*. Juderías privilegiou, em sua crítica, as origens inglesas e francesas da "lenda negra". Carbia (2004), por outro lado, tratou mais extensamente da participação americana na propaganda classificada como anti-hispânica. Esse mesmo autor define a *lenda negra* da seguinte forma:

> *Abarca a Leyenda, em sua amplitude mais cabal, isto é, em suas formas típicas de juízos sobre a crueldade, o obscurantismo e a tirania política. Quis-se ver crueldade nos procedimentos de que se lançou mão para implantar a Fé na América ou defendê-la em Flandres; o obscurantismo, quis-se encontrá-lo na suposta obstrução levantada pela Espanha contra todo progresso espiritual e a qualquer atividade da inteligência; e a tirania, nas restrições com que se teria afogado a vida livre dos espanhóis nascidos no Novo Mundo e aos quais pareceria que se tenha querido escravizar sine die.* (Carbia, 2004, p. 34-35, tradução nossa)

A propaganda da *leyenda negra* teve papel fundamental na preparação dos espíritos para aceitar a independência e, principalmente, para adotar, em seguida, as formas políticas dos Estados Unidos. Em seguida à independência, cada um dos novos países da América espanhola concebeu as próprias constituições tendo como modelo a constituição republicana dos Estados Unidos. Prometia-se, com a adoção do modelo do norte anglo-saxão, estabilidade política e progresso econômico.

A única exceção – além de breves períodos no México – foi o Brasil, que manteve a forma monárquica e gozou, durante o século XIX, de considerável prosperidade e estabilidade se comparado com a situação das repúblicas hispano-americanas. Só em 1889 é que o Brasil também alterou seu regime para adaptar-se ao modelo dos Estados Unidos, tendo mudado também, à altura, seu nome oficial e sua bandeira para que ficassem o mais próximos possível dos Estados Unidos.

6.2.2 A MARCHA ACELERADA DAS INDEPENDÊNCIAS

Com base em militares e intelectuais convencidos das vantagens da independência – cujo maior exemplo pode ser Francisco de Miranda –, em poucos anos, praticamente toda a América castelhana tornou-se independente. Ao norte do Equador, apenas Cuba e Porto Rico permaneceram unidos à Espanha, mas, no hemisfério sul, restaram apenas as colônias da Inglaterra, da França e dos Países Baixos. Mais tarde, em 1898, os Estados Unidos invadiram e ocuparam as ilhas de Cuba e de Porto Rico, passando a governá-las como possessões suas, assim como as Filipinas e Guam.

Em 1810, o movimento pela independência mexicana foi iniciado pelo Padre Miguel Hidalgo, que levantou como símbolo do novo país independente a imagem de Nossa Senhora de Guadalupe, aparição mariana que marcou o início da colonização mexicana, em 1531. A independência foi proclamada em 1813 e uma constituição foi preparada, mas o movimento foi vencido, razão pela qual a independência mexicana só se consolidou quando o general Agustín de Iturbide conseguiu vencer os espanhóis: quis instaurar uma monarquia independente, com um príncipe espanhol, mas, sem o conseguir, fez-se proclamar-se imperador em 1822. Em pouco tempo foi derrubado, implantando-se uma república. Quando voltou do exílio, foi fuzilado.

A Guatemala manteve-se, inicialmente, fiel a Fernando VII, até que, em 1821, o próprio governador Gabino Gaínza promoveu a independência, mantendo-se no governo. A atitude provocou agitações na área de influência da Guatemala, incluindo Nicarágua, Honduras, El Salvador e Costa Rica.

Na ilha de Santo Domingo, o governo manteve-se também inicialmente fiel a Fernando VII, mas, em 1821, proclamou-se Estado independente, com intenções de fazer parte da Grã-Colômbia idealizada por Simón Bolívar. Uma invasão dos haitianos, vizinhos de língua francesa, conseguiu submeter toda a ilha. Só em 1844 se logrou a independência da República Dominicana, afastando o domínio haitiano.

Figura 6.1 – Simón Bolívar

A Colômbia iniciou o processo de independência em 1810: proclamou-se a independência do vice-reino da Nova Granada em nome de Fernando VII, a quem se reservava o trono para o caso de querer vir à América para reinar, a exemplo do que acontecera com Portugal e Brasil. Esse primeiro intento de independência foi derrotado, mas, em 1819, o venezuelano Simón Bolívar comandou a expulsão dos espanhóis e proclamou a fundação da Grã-Colômbia, reunindo a região norte da América do Sul castelhana.

Na Venezuela, a Junta Suprema proclamada em 1810 foi rapidamente transformada em congresso constituinte, sob a influência de Francisco de Miranda, que visava à adaptação da América castelhana ao modelo dos Estados Unidos. Assim, foi fundado um novo país: os Estados Unidos da Venezuela. Miranda foi preso pelos espanhóis e morreu na prisão, mas Bolívar continuou a campanha militar, vencendo os espanhóis finalmente em 1821 e unindo o país à Colômbia. Uma vez independente, também o Equador se uniu à Grã-Colômbia por decisão de Bolívar.

No rio da Prata, uma vez deposto o vice-rei Santiago de Liniers em 1810, o governo passou a ser autônomo. Próceres como Manuel Belgrano propuseram a criação de uma monarquia, mas a ideia foi rechaçada. Em 1816, foi proclamada solenemente, em Tucumán, a independência das Províncias Unidas. O Paraguai não acompanhou as províncias argentinas: reconheceu sua independência, mas não se integrou a elas, constituindo governo próprio em 1811.

No Chile, o processo de independência culminou com a intervenção do prócere Bernardo O'Higgins e os irmãos Carreras. Em acordo com o governador de Cuyo, José de San Martín, prepararam uma expedição militar para implantar a independência no Chile. Vencendo os espanhóis na batalha de Chacabuco, O'Higgins e San Martín entraram em Santiago em 1817.

A independência do Peru completou-se apenas em 1824 com as vitórias de Junín e Ayacucho, instalando-se Bolívar como ditador.

Flávio L. Alencar

A resistência dos vice-reis e o pouco apoio popular à independência retardaram a implantação do novo governo no Peru. Na guerra contra os peruanos, intervieram San Martín, vindo do Chile com tropas chilenas e argentinas, e Bolívar, por meio de José Antonio de Sucre, com tropas da Grã-Colômbia.

Uma vez expulsos os espanhóis do Peru, Bolívar e Sucre invadiram o território da antiga Audiência de Charcas, que se tornou a República de Bolívar – nome depois substituído por Bolívia – e se instalou a capital do novo país em cidade batizada com o nome de *Sucre* para homenagear o outro general.

A **independência do Brasil** tomou caminhos distintos. O Rio de Janeiro era oficialmente, desde 1815, capital da monarquia luso-brasileira. A revolução liberal portuguesa de 1820 exigiu o retorno do Rei Dom João VI para Portugal, onde se devia submeter a uma constituição e ao parlamento. Dom João VI submeteu-se, mas deixou no Brasil o herdeiro da monarquia. Diante da pressão dos parlamentares portugueses para fazer diminuir o poder de Dom Pedro, príncipe-regente do reino do Brasil, este liderou a separação do Brasil do reino unido com Portugal e Algarves, sendo reconhecido como reino independente e, logo em seguida, império. A independência não foi pacífica e imediata. Além das negociações para conseguir o reconhecimento externo, houve resistência de portugueses em diversas províncias, muito especialmente na Bahia, onde eles só foram vencidos em julho de 1823. O Grão-Pará também apresentou vacilações quanto à pertença ao império, uma vez que, desde o governo de Marquês de Pombal, era uma entidade política formalmente distinta do Brasil. O Uruguai separou-se do Brasil em 1828, tendo desde 1822 integrado o império com o nome de *Cisplatina*.

Síntese

- A implementação das reformas borbônicas na América iniciou uma crise grave, que dispôs as elites e o povo dos vice-reinos americanos contra a Espanha, a monarquia dos Bourbon e seus funcionários, preparando os espíritos para a ruptura política com Castela.
- A invasão da Espanha por Napoleão e a imposição de seu irmão como rei da Espanha e das Índias alterou de forma radical a lealdade dos americanos para com a Coroa de Castela, fazendo iniciar nas cidades da América movimentos que promoviam o autogoverno e a emancipação política.
- A influência das ideias francesas, o prestígio da experiência norte-americana e a decadência interna espanhola atuaram como fatores fundamentais que possibilitaram o surgimento de uma causa independentista nos territórios americanos de Castela.
- Em poucas décadas, quase toda a América castelhana tornou-se independente, tendo inicialmente adotado distintas formas de governo, como foi o caso da monarquia no México, mas finalmente adaptado-se de forma geral a um modelo político importado dos Estados Unidos.
- Na América do Sul, os principais generais que promoveram a independência foram Simón Bolívar e José de San Martín, além do Príncipe Dom Pedro, que se tornou Dom Pedro I, Imperador e Defensor Perpétuo do Brasil.

Atividades de autoavaliação

1. Entre as influências teóricas e os exemplos que impactaram as independências na América Latina podem ser apontados os seguintes, **exceto**:
   a) a independência dos Estados Unidos.
   b) a Revolução Francesa de 1789.
   c) a filosofia política jesuítica.
   d) a redescoberta das fontes do direito inca.
   e) o liberalismo do século XVIII.

2. O termo *lenda negra* (*leyenda negra*), referindo-se à criação de uma lenda negativa sobre a história e a cultura espanhola, foi usado pela primeira vez pelo:
   a) crítico literário Julián Juderías.
   b) presidente americano James Monroe.
   c) general José de San Martín.
   d) sociólogo Gilberto Freyre.
   e) historiador Rómulo D. Carbia.

3. Não participou do processo das independências americanas:
   a) Francisco de Miranda.
   b) Simón Bolívar.
   c) Bernardo O'Higgins.
   d) Juan de Garay.
   e) Antonio José de Sucre.

4. Os seguintes países foram invadidos e ocupados pelos Estados Unidos em 1898:
   a) Jamaica e Porto Rico.
   b) Cuba e Costa Rica.
   c) Costa Rica e Alasca.

d) Cuba e Porto Rico.
   e) Ilhas Malvinas e Jamaica.

5. A consolidação da independência do México foi marcada pela:
   a) coroação do Imperador Agustín de Itúrbide em 1822.
   b) coroação do Imperador Maximiliano de Habsburgo em 1864.
   c) proclamação de Simón Bolívar como ditador em 1825.
   d) coroação do Imperador Dom Pedro I em 1822.
   e) eleição presidencial de Porfirio Díaz em 1876.

Atividades de aprendizagem

Questões para reflexão

1. Percebemos que, no momento das independências dos países hispano-americanos, a maior parte da preparação desse movimento e os rumos tomados foram decididos entre as elites locais, sem expressiva participação popular. Em sua opinião, quais foram os possíveis motivos para a falta de expressão popular nesses acontecimentos? Como conseguir que as camadas populares participem mais e melhor dos debates públicos? Temos avançado quanto a esse desafio no Brasil?

2. A chamada *leyenda negra* fixou em gerações e gerações uma compreensão da identidade hispano-americana como viciada por suas origens ibéricas e mestiças. Em sua opinião, qual influência um sadio orgulho patriótico (acompanhado de respeito por todos os outros povos) ou a falta desse orgulho tem no desenvolvimento de uma nação? Como se estimula esse sadio patriotismo e como se poderia diminuí-lo propositadamente?

Flávio L. Alencar

Atividade aplicada: prática

1. Durante os debates sobre as independências latinoamericanas, houve projetos que, apesar de apoiados por próceres influentes, foram rechaçados e esquecidos pela história. Um deles foi a proposta, apresentada em 1816 pelo argentino Manuel Belgrano e apoiada pelos também argentinos Martin Güemes e José de San Martín, de criar uma grande monarquia na América do Sul. A capital dessa monarquia deveria ser Cusco e o rei seria um descendente dos imperadores incas. A monarquia incaica não foi restaurada na América do Sul, mas, hoje, diversos presidentes e ex-presidentes republicanos, bem como literatos e, até mesmo, príncipes europeus são descendentes de imperadores incas. Faça uma lista de descendentes famosos dos incas e, particularmente, procure identificar a pequena monarquia europeia cuja herdeira presuntiva – isto é, a princesa que deve suceder seu pai como rainha – é descendente dos imperadores incas.

Considerações finais

A América Latina tem sido imaginada, durante séculos, como o continente de esperança, como o lugar do futuro harmonioso, em que o progresso deveria encontrar a fraternidade. É forçoso reconhecer que, se esse era o ideal da América Latina, a realidade, sobretudo no século XX, não refletiu a missão de nosso continente.

Os ideais utópicos com relação à América Latina nasceram antes da chegada dos europeus, nas grandes civilizações como a dos maias, a dos astecas e a dos incas. Do encontro com os europeus, vieram não apenas guerreiros e comerciantes, mas também missionários católicos que ambicionavam criar nesse vasto continente uma terra de fraternidade. Ordens religiosas como a Companhia de Jesus sonharam e projetaram verdadeiras repúblicas indígenas, livres e cristãs, que deveriam ser exemplo para toda a humanidade.

Ponto de cruzamento entre Europa, África e Ásia, a América Latina surgiu, como conceito, na expectativa da continuação da civilização latina no Novo Mundo. Ao analisarmos as bases da colonização da América, objeto deste livro, observamos a transplantação de antigas instituições portuguesas e castelhanas. Mais tarde, já após as independências, a França reivindicaria fraternidade com essas nações por conta da herança latina comum.

Objeto de disputa entre França – pela compartilhada herança latina e católica – e os Estados Unidos – pela vizinhança no mesmo continente –, a América Latina progressivamente perdeu, do ponto de vista de inspiração cultural, laços com Espanha e Portugal. De fato, até meados do século XX, Espanha e Portugal enfrentavam situação econômica e social bastante desfavorável, ao passo que as economias latino-americanas, como a Argentina, o Brasil, o México e a Venezuela, cresciam de forma impressionante, superando as antigas metrópoles no cenário internacional.

De toda forma, não compreenderemos a identidade e a crise atuais dos países da América Latina sem estudar suas raízes ibéricas, em relação sempre de fusão com as raízes indígenas e, também, com as dos outros povos que formaram nosso continente: em primeiro lugar, os africanos e, posteriormente, povos asiáticos e outros povos europeus, não ibéricos.

Este livro pretendeu ser um guia introdutório para o estudo da formação da América colonial, tratando desde as origens dos impérios asteca e inca até o momento das independências dos países latino-americanos. Entre essas duas pontas, o arco temporal inclui as vicissitudes das presenças castelhana e portuguesa na América, com as mudanças políticas e de mentalidade que influenciaram os povos ibéricos e os americanos entre os séculos XVI e XIX.

Não foi pretensão desta obra realizar uma análise profunda da evolução da América colonial. Muitos dados escaparam: seria impossível resumir nestas páginas os cinco séculos de história da América, com todo o processo político, social, econômico e cultural que essa marcha histórica representa. Nosso propósito foi, ao contemplar diferentes correntes historiográficas, oferecer informação básica e segura sobre a história da América colonial e, assim, incentivar os leitores a se aprofundar nos estudos acerca da identidade latino-americana e do lugar da América Latina no cenário internacional.

Flávio L. Alencar

Referências

ABREU, C. de. **Descobrimento do Brasil e povoamento.** Salvador: Centro de Documentação do Pensamento Brasileiro, S.d. Disponível em: <http://www.cdpb.org.br/antigo/capistrano_de_abreu[1].pdf>. Acesso em: 13 fev. 2019.

ACADEMIA NACIONAL DE LA HISTORIA. Declaración de la Academia Nacional de la Historia sobre la denominación de colonial a un período de la historia argentina. **Boletín de la Academia Nacional de la Historia**, Buenos Aires, n. XXII, 1948.

ACOSTA, J. de. **Historia natural y moral de las Indias.** Madrid: Atlas, 1954.

ALEIXO, J. C. B. Apresentação. VITORIA, F. de. **Relectiones sobre os índios e sobre o poder civil.** Brasília: Ed. da UnB; Fundação Alexandre de Gusmão, 2016. p. 11-18.

ALENCAR, F. L. **A política religiosa da monarquia inglesa sob Jaime I e a crítica de Francisco Suárez na Defensio fidei (1613).** Dissertação (Mestrado em História) – Universidade Federal Fluminense, Niterói, 2012.

ALENCAR, F. L. A unidade católica como fundamento da monarquia hispânica: algumas reflexões sobre as relações interétnicas e a diversidade cultura na formação das Espanhas ultramarinas. **Aquinate**, v. 15, p. 3-15, 2011.

ALVEAR ACEVEDO, C. **Historia de México**: épocas precortesiana, colonial e independiente. México: IUS, 1986.

ARRANZ MÁRQUEZ, L. Los pleitos colombianos y su influencia en los primeros descubrimientos de América. In: CONGRESO DE HISTORIA DE LO DESCUBRIMIENTO (1492-1556). **Actas** (Ponencias y Comunicaciones), Tomo I, Madrid, 1992. p. 593-610.

BALLESTEROS GAIBROIS, M. **Cultura y religión de la América prehispánica**. Madrid: BAC, 1985.

BAUDIN, L. **El imperio socialista de los Incas**. Santiago de Chile: ZigZag, 1955.

BICALHO, M. F. B. As câmaras ultramarinas e o governo do Império. In: FRAGOSO, J.; Bicalho, M. F.; Gouvêa, M. de F. (Org.). **Antigo Regime nos trópicos**: a dinâmica imperial portuguesa (séculos XVI-XVIII). Rio de Janeiro: Civilização Brasileira, 2001. p. 189-221.

_____. Cultura política e sociedade de corte: o vice-reinado no Rio de Janeiro – um estudo de caso (1779-90). In: Soihet, R. et al. (Org.). **Mitos, projetos e práticas políticas**: memória e historiografia. Rio de Janeiro: Civilização Brasileira, 2009. p. 375-392.

BRADLEY, P. T.; CAHIL, D. **Habsburg Peru**: Images, Imagination and Memory. Liverpool: Liverpool University Press, 2000.

CARBIA, R. D. **Historia de la leyenda negra hispano-americana**. Madrid: Marcial Pons Historia, 2004.

CARMAGNANI, M. El virrey y la corte virreinal em Nueva España. In: Cantù, F. (Org.). **Las cortes virreinales de la Monarquía española**: América e Italia. Roma: Viella Libreria Editrice, 2008. p. 65-77.

CIEZA DE LEÓN, P. **El señorío de los incas**. Madrid: Historia 16, 1985.

____. **La crónica del Perú**. Madrid: Historia 16, 1984.

DUSSEL, E. **Historia de la filosofía latinoamericana y filosofía de la liberación**. Bogotá: Nueva América, 1994.

ELIAS, N. **O processo civilizador**. Rio de Janeiro: J. Zahar, 1994. 2 v.

____. **Sociedade de corte**. Rio de Janeiro: J. Zahar, 2001.

ELLIOTT, J. H. **España** en Europa. Estudios de historia comparada. València: Universitat de València, 2002.

____. **Imperios del mundo atlántico**: España y Gran Bretaña en América (1492-1830). Madrid: Taurus, 2006.

____. La conquista española y las colonias de America. In: BETHELL, L. (Ed.). **Historia de America Latina**: America Latina colonial – la America precolombina y la conquista. Barcelona: Crítica, 1990. p. 125-169. v. 1.

____. **La España imperial (1469-1716)**. Barcelona: Vicens-Vives, 1973.

FABRO, C. **Neotomismo e suarezismo**. Segni: Editrice del Verbo Incarnato, 2005.

FERREIRA, T. L. **O Brasil não foi colônia**. São Paulo: Instituto Histórico e Geográfico de São Paulo, 1958.

FERREIRO, F. **La disgregación del reyno de Indias**. Montevideo: Barreiro y Ramos, 1981.

FRAGOSO, J.; BICALHO, M. F.; GOUVÊA, M. de F. (Org.). **Antigo regime nos trópicos**: a dinâmica imperial portuguesa (séculos XVI-XVIII). Rio de Janeiro: Civilização Brasileira, 2001.

GARCÍA-GALLO, A. **Manual de historia del derecho español**. Madrid: Artes Gráficas y Ediciones, 1964.

GARCILASO DE LA VEGA, I. **Comentarios reales**. Sucre: Ayacucho, 1976.

GARRET, D. T. Los incas borbónicos: la elite indígena cuzqueña en vísperas de Tupac Amaru. **Revista Andina**, n. 36, p. 9-64, 2003.

GINÉS DE SEPÚLVEDA, J. **Tratado sobre las justas causas de la guerra contra los indios**. México: Fondo de Cultura Económica, 1941.

GONZÁLEZ ACOSTA, A. Los herederos de Moctezuma. **Boletín Millares Carlo**, n. 20, p. 151-158, 2001.

GRUZINSKI, S.; BERNAND, C. **História do Novo Mundo**: as mestiçagens. São Paulo: Edusp, 2006. v. 2.

GUAMÁN POMA DE AYALA, F. **Nueva crónica y buen gobierno**. Madrid: Historia 16, 1987.

HEMMING, J. **La conquista de los incas**. México: Fondo de Cultura Económica, 2000.

HEYERDAHL, T. **Aku-Aku**: the secret of Easter Island. Chicago: Rand McNally & Co., 1958.

HOLANDA, S. B. de. **Raízes do Brasil**. São Paulo: Companhia das Letras, 1995.

IRABURU, J. M. **Hechos de los apóstoles de América**. Pamplona: Gratis Date, 2003.

ISIDORO DE SEVILLA, Santo. **Etimologías**. Madrid: BAC, 2004.

JUDERÍAS, J. **La leyenda negra**. Salamanca: Junta de Castilla y León, 2003.

KONETZKE, R. **América Latina II**: la época colonial. 6. ed. Madrid: Siglo XXI, 1972. (Historia Universal Siglo XXI, v. 22).

LATASA, P. La Corte virreinal peruana: perspectivas de análisis (siglos XVI y XVII). In: Barrios Pintado, F. (Org.). **El gobierno de un mundo**: virreinatos y audiencias en la América hispánica. Toledo: Ediciones de la Universidad de Castilla-La Mancha, 2004. p. 241-272.

LEÓN-PORTILLA, M. Mesoamérica antes de 1519. In: BETHELL, L. (Ed.). **Historia de America Latina**: America Latina colonial – la America precolombina y la conquista. Barcelona: Crítica, 1990. p. 3-30. v. 1.

LEVENE, R. **Las Indias no eran colónias**. Buenos Aires: Espasa-Calpe Argentina, 1951.

LOBO, E. M. L. **Processo administrativo ibero-americano**: aspectos sócio-econômicos, período colonial. Rio de Janeiro: Biblioteca do Exército, 1962.

LÓPEZ, T. A. **Fray Diego Ortiz, misionero y mártir del Perú**: un proceso original del siglo XVI. Valladolid: Estudio Agustiniano, 1989.

LOZIER ALMAZÁN, B. **Proyectos monárquicos en el Río de la Plata**. Buenos Aires: Sammartino, 2011.

LUGON, C. **La république des Guaranis (1610-1768)**: les jésuites au pouvoir. Paris: Éditions Économie et Humanisme, 2010.

MACEDO, P. E. V. B. de. **O nascimento do direito internacional.** São Leopoldo: Unisinos, 2009.

MADARIAGA, S. de. **El auge y el ocaso del Imperio español en América**. Madrid: Espasa Calpe, 1986.

MAEZTU, R. de. **Defensa de la hispanidad**. Madrid: Rialp, 2017.

MANN, S. A. **Supremacy and Survival**: How Catholics Endured the English Reformation. New York: Scepter, 2007.

MANZANO, J. Los justos títulos en la dominación castellana de Indias. **Revista de Estudios Politicos**, n. 7-8, p. 267-291, 1942.

MARLEY, D. **Wars of the Americas**: a Chronology of Armed Conflict in the New World, 1492 to the Present. Santa Barbara/Denver/Oxford: ABC-CLIO, 1998.

MATTOS, H. M. Henrique Dias: expansão e limites da justiça distributiva no império português. In: VAINFAS, R. et al. (org.). **Retratos do império**: trajetórias individuais no mundo português nos séculos XVI a XIX. Niterói: EdUFF, 2006. p. 29-46.

MILLONES FIGUEROA, L. **Pedro de Cieza de León y su Crónica de Indias**: la entrada de los Incas en la Historia Universal. Lima: Fondo Editorial de la PUCP/IFEA, 2001.

MONASTERIO, L.; EHRL, P. **Colônias de povoamento *versus* colônias de exploração**: de Heeren a Acemoglu. Texto para Discussão n. 2119. Rio de Janeiro: Ipea, 2015.

MORALES PADRÓN, F. **Primeras cartas sobre América** (1493-1503). Sevilla: Universidad de Sevilla; Secretariado de publicaciones, 1990.

MORENO, M. **Plan de operaciones y otros escritos**. Buenos Aires: Terramar, 2007.

MURO OREJÓN, A. El problema de los "reinos" indianos. **Anuario de Estudios Americanos**, Sevilla, v. XXVIII, 1971, p. 45-56.

NOVAIS, F. **Portugal e Brasil na crise do antigo sistema colonial (1777-1808)**. São Paulo: Hucitec, 1979.

NÚÑEZ JIMÉNEZ, A. **Un mundo aparte**: aproximación a la historia de América Latina y el Caribe. Madrid: Ediciones de la Torre, 1994.

OZANAM, D. **Los capitanes y comandantes generales de provincias en la España del siglo XVIII**. Córdoba: UCOPress, 2008.

PAYNO, M. **Compendio de historia de México**. México: Instituto Latinoamericano de la Comunicación Educativo, 2009.

RUIZ, R. **Francisco de Vitoria e os direitos dos índios americanos**: a evolução da legislação indígena espanhola no século XVI. Porto Alegre: EDIPUCRS, 2002.

SARDINHA, A. **A teoria das cortes gerais**. Lisboa: QP, 1975.

_____. **Ao princípio era o verbo**. Lisboa: Restauração, 1959.

SCHUMPETER, J. A. **História da análise econômica**. Rio de Janeiro: Centro de Publicações Técnicas da Aliança para o Progresso, 1964.

SERRANO Y SANZ, M. **Compendio de Historia de América**. Barcelona: Juan Gili, 1905.

SOUSA, J. P. G. de. **Introdução à história do direito político brasileiro**. São Paulo: Saraiva, 1962.

SUÁREZ, F. **Defensio fidei III**. Madrid: Consejo Superior de Investigaciones Científicas, 1965.

SUÁREZ FERNÁNDEZ, L. Análisis del Testamento de Isabel la Católica. **Cuadernos de Historia Moderna**, n. 13, p. 81-90, 1992.

TARVER, H. M. **The Spanish Empire**: a Historical Encyclopaedia. Santa Barbara/Denver: ABC-CLIO, 2016. v. II.

TAU ANZOÁTEGUI, V. As Índias: províncias, reinos ou colônias? **RIHGRGS**, Porto Alegre, v. 151, p. 13-71, 2016.

THIBAUD, C. **La Academia Carolina y la independencia de América**: los abogados de Chuquisaca (1776-1809). Sucre: Editorial Charcas/Fundación Cultural del Banco Central de Bolivia/Archivo y Biblioteca Nacionales de Bolivia, 2010.

TODOROV, T. **A conquista da América**: a questão do outro. São Paulo: M. Fontes, 1991.

TOMÁS DE AQUINO, Santo. **Summa Theologiæ**. Part II-II. London: Burns Oates & Washbourne, 1920. v. 3.

TRINDADE, A. A. C. Prefácio. In: VITORIA, F. de. **Relectiones sobre os índios e sobre o poder civil**. Brasília: Ed. da UnB/ Fundação Alexandre de Gusmão, 2016. p. 19-52.

VIANNA, H. **História da América**. São Paulo: Melhoramentos, 1952.

VITORIA, F. de. **Relectio de indis**: carta magna de los indios. Madrid: Consejo Superior de Investigaciones Cientificas, 1989.

____. **Relectiones sobre os índios e sobre o poder civil**. Brasília: Ed. da UnB; Fundação Alexandre de Gusmão, 2016.

VOLTES BOU, P. **Cinco siglos de España en América**. Barcelona: Plaza & Janés, 1987.

XEREZ, F. de. **Verdadera relación de la conquista del Perú**. Madrid: Historia 16, 1985.

YUPANQUI, T. C. **Relación de la conquista del Peru**. Lima: Carlos Milla Batres, 1973.

ZORRAQUÍN BECÚ, R. **La condición política de las Indias**. Caracas: Academia Nacional de la Historia, 1975.

Bibliografia comentada

LOBO, E. M. L. **Processo administrativo ibero-americano:** aspectos sócio-econômicos, período colonial. Rio de Janeiro: Biblioteca do Exército, 1962.

O livro de Eulália Maria Lahmayer Lobo, publicado em 1962, é pioneiro nos estudos de História da América no Brasil. Continua sendo um clássico, tendo inspirado o crescimento dos estudos de História da América nas últimas décadas. A autora foi professora da Universidade Federal do Rio de Janeiro e, posteriormente, da Universidade Federal Fluminense. Trata-se de um estudo muito útil por trazer informações sobre o desenvolvimento administrativo da América castelhana e portuguesa, em perspectiva comparada, permitindo, assim, um conhecimento da evolução das instituições políticas no Brasil e nos demais países da América latina.

ELLIOTT, J. H. **Imperios del mundo atlántico:** España y Gran Bretaña en América (1492-1830). Madrid: Taurus, 2006.

John Huxtable Elliott, historiador britânico, está entre os mais célebres hispanistas contemporâneos. A obra *Imperios del mundo atlântico* compara o desenvolvimento dos impérios castelhano e britânico na América, desde seu início em fins do século XV até meados do século XIX, quando ocorreram as independências dos países da América castelhana. A novidade e o interesse da obra de Elliott, publicada em inglês e espanhol em 2006, vem da forma sistemática com que o autor comparou as duas experiências imperiais, valendo-se de longa e consagrada experiência como historiador do mundo hispânico.

BETHEL, L. (Org.). **História da América Latina**. São Paulo: Edusp; Brasília: Funag, 2012. v. 1: América Latina Colonial.

Esse livro é o primeiro de uma coleção de dez volumes, editada pelo historiador britânico Leslie Bethell, brasilianista, professor emérito de História da América Latina da Universidade de Londres. Essa coleção, editada originalmente em inglês como *The Cambridge History of Latin America*, tornou-se uma referência para o estudo da história da América Latina. Cobre cinco séculos de história política, econômica, social e cultural. O primeiro volume, que aqui indicamos, dedica-se ao período colonial, examinando as civilizações e os povos originários e os fundamentos da conquista e da colonização europeia. Entre os colaboradores desse volume, encontram-se historiadores célebres, como Miguel León-Portilla, J. H. Elliott, Frederic Mauro e o próprio organizador.

KONETZKE, R. **América Latina II**: la época colonial. 6. ed. Madrid: Siglo XXI, 1972. (Historia Universal Siglo XXI, v. 22).

Esse livro faz parte de uma extensa coleção, de múltiplos autores, editada originalmente pela casa alemã Fischer Verlag. O volume que recomendamos, de autoria do historiador Richard Konetzke, prima por sua abordagem plural e engloba não apenas a história política, mas também a econômica e, de forma especial, a cultural, fator fundamental para o estudo da formação das nações latino-americanas. O autor formou-se na Universidade de Berlim e foi professor de História da América Latina na Universidade de Colônia. Grande vantagem de seu livro, em comparação aos demais, é a extensa pesquisa que o autor realizou em busca de documentos relativos à América hispânica no Arquivo Geral das Índias, em Sevilha, e que resultou na coletânea em três volumes intitulada *Colección de documentos para la historia de la formación social de Hispanoamérica 1493-1810* (Madrid, Consejo Superior de Investigaciones Científicas: 1953-1962).

Flávio L. Alencar

Respostas

Capítulo 1

1. 1. d
2. 2. a
3. 3. e
4. 4. d
5. 5. c

Capítulo 2

1. 1. d
2. 2. a
3. 3. d
4. 4. e
5. 5. b

Capítulo 3

1. 1. d
2. 2. c

3. 3. c
4. 4. a
5. 5. e

Capítulo 4

1. 1. d
2. 2. d
3. 3. c
4. 4. a
5. 5. c

Capítulo 5

1. 1. b
2. 2. a
3. 3. d
4. 4. e
5. 5. c

Capítulo 6

1. 1. d
2. 2. a
3. 3. d
4. 4. d
5. 5. a

Sobre o autor

Flávio L. Alencar é mestre em História (2012) pela Universidade Federal Fluminense (UFF) e bacharel em História (2009) e em Direito (2014) pela mesma instituição. É especialista em política internacional (2014) pela Faculdade Damásio. Historiador responsável pelo Centro de Estudos de História Fluminense, é também coordenador de pesquisa do Museu de História e Artes do Estado do Rio de Janeiro, unidade da Superintendência de Museus da Secretaria de Estado de Cultura e Economia Criativa. Tem artigos publicados em periódicos brasileiros e estrangeiros e, por esta editora, já publicou *História da Igreja no Brasil*.

Os papéis utilizados neste livro, certificados por instituições ambientais competentes, são recicláveis, provenientes de fontes renováveis e, portanto, um meio **respons**ável e natural de informação e conhecimento.

FSC
www.fsc.org
MISTO
Papel produzido a partir de fontes responsáveis
FSC® C103535

Impressão: Reproset
Fevereiro/2023